国企职工子弟教育的阶段历程探研

王春林 著

吉林大学出版社

·长春·

图书在版编目(CIP)数据

国企职工子弟教育的阶段历程探研 / 王春林著. —
长春:吉林大学出版社,2022.1
ISBN 978-7-5692-9884-0

Ⅰ. ①国… Ⅱ. ①王… Ⅲ. ①国有企业-职工子女-
中小学-教育史-中国 Ⅳ. ①G639.29

中国版本图书馆 CIP 数据核字(2022)第 014237 号

书　　名:国企职工子弟教育的阶段历程探研
GUOQI ZHIGONG ZIDI JIAOYU DE JIEDUAN LICHENG TANYAN

作　　者:王春林　著
策划编辑:黄国彬
责任编辑:宋睿文
责任校对:蔡玉奎
装帧设计:姜　文
出版发行:吉林大学出版社
社　　址:长春市人民大街 4059 号
邮政编码:130021
发行电话:0431-89580028/29/21
网　　址:http://www.jlup.com.cn
电子邮箱:jdcbs@jlu.edu.cn
印　　刷:天津和萱印刷有限公司
开　　本:787mm×1092mm　　1/16
印　　张:12
字　　数:200 千字
版　　次:2023年5月　第1版
印　　次:2023年5月　第1次
书　　号:ISBN 978-7-5692-9884-0
定　　价:68.00 元

中小学教育为国家根本大计，必须运用科学方法分析研究，实地实验，方能免入歧路。

——陶行知

序

教育史既是教育学研究领域内的重要议题，同时也是社会学研究领域内的重要议题。围绕这一观点我们能够找到很多的例证。例如，斯宾塞（Herbert Spencer）不但是一个教育家，还是一个非常重要的社会学家①。布尔迪厄（Pierre Bourdieu）提到的场域、惯习和文化资本等概念一直被社会学和教育学学科领域内的研究者们广泛使用②。杜威（John Dewey）述及的教育学与社会学之间的关系③，为我们开展相关研究奠定了重要基础。此外，我国著名教育家陶行知先生亦有言："教育作为一种社会机构和社会进程，经常受到所处环境中的政治、社会、经济乃至自然力量的影响。"④综上所述，教育学与社会学之间具有某种天然联系。因此说，研究教育史对于社会学学科发展和社会发展具有重要意义。

可从目前国内学界的研究情况来看，教育史很少受到社会学研究者们热捧的一个重要原因在于，如果把握不好度，很有可能无法形成具有研究意味的"史"，转而成为对某一时期教育发展史或者学校变迁史的纵向梳理，并使研究的意味大打折扣⑤。在阅读史料过程中笔者发现，教育史多是一些具体历史事件记述，它的核心线索就是不断递进的时间，这对社会学研究者来说是

---

① 王晓阳：《教育社会学知识论发展——从斯宾塞到扬》，《教育研究》2021年第6期。

② 朱丽：《突破再生产：布尔迪厄理论的另一面》，《清华大学教育研究》2021年第3期。

③ ［美］约翰·杜威著：《学校与社会·明日之学校》，赵祥麟、任钟印、吴志宏译，人民教育出版社2004年版，第1页。

④ 陶行知著：《陶行知全集第八卷（增补）》，湖南人民出版社1992年版，第166页。

⑤ 需要提到的是，因为本研究不可避免地要涉及到一些史料，但笔者并未直接引述相关史料内容。这是因为如果仅把史料堆砌在一起，那么，研究的意味将大打折扣。所以，笔者在全书中一再努力超越既有史料本身，形成一定的学理反思。

一个极大的挑战。因为，递进性的时间线索很容易让社会学研究者把握不好度，并可能把相关议题梳理成教育发展史或者是学校变迁史。承前所述，虽然有将相关议题梳理成教育发展史或者是学校变迁史的这样一种可能，但社会学研究者却不能放弃对教育史的关注。因为，历史与社会学研究密切相关。比如说，社会学研究的一个重要进路就是在回溯过去的过程中，为解析当前社会问题提供具体策略，并预判未来社会中可能形成的种种结果。这种"古照今"的研究逻辑，很容易使社会学研究者在考察具有历史感的话题时自觉寻找到这样的研究起点，即从具体的时间节点或历史场域出发展开相关论述。

继而言之，笔者在此需要尝试说明的一个问题是，如何从社会学研究视角出发，看待所谓的教育发展史和学校变迁史。其实，从社会发展角度来看，教育发展史和学校变迁史主要涉及的是时间和空间演进问题。再从关系角度来看，教育发展史既包含学校变迁史，也包含学校变迁过程中教育者、受教育者和管理者的历史状态。需要意识到的是，多重主体和要素交织虽然能够使我们从多元面向出发，对涉及教育发展史的相关问题产生深刻理解，但有时候我们也容易受到各种各样关系构型的干扰，进而感到一头雾水。因此，从社会学研究视角出发理解教育发展史，最好还是以场域变迁，例如，以学校的发展变迁为切入点。这样做，一方面能够确保研究者聚焦于教育发展的某一方面情况，另一方面能够使研究者进一步以学校场域的发展变迁为中心，建构出相关主体和要素之间的关系。继而我们便可以嵌入一些分析逻辑，以点带面地厘清某一或者某些教育发展脉络，并形成一些带有历史感的经验。受此启发，笔者基于社会学的研究视角考察了 Q 厂[①]职工子弟教育的发展阶段历程。而在具体展开上述问题之前，我们需要弄清楚什么是阶段历程[②]。其实，按照本书中对于国企职工子弟教育阶段历程的考察，我们可以把上述"阶段历程"细化为静态和动态两种状态。从静态角度来看，阶段历程主要是指由某个时间起点和某个时间终点构成的时空区域内的全部事件。从动态角度来看，阶段历程主要是指由某个时间起点运动到某个时间终点过程中所发生的

---

① 虽然伴随单位制解体，"Q 厂"已经变为"某集团有限公司"，但是本书主要涉及的是单位制时期 Q 厂职工子弟教育发展阶段历程。所以，笔者在全书中运用的是"Q 厂"而非"某集团有限公司"。如有不妥之处，还请大家见谅！

② "阶段历程"一语也体现出了笔者考察国企职工子弟教育的一个时间框架。

事件。需要指出的是，本书中提到的国企职工子弟教育阶段历程主要是动态的阶段历程。

再来说一说与国企职工子弟教育阶段历程议题有关的"单位制"。如果说单位制是理解中国社会现代化①发展过程的一个重要切入点的话，那么，我们同样可以认为单位制时期国企创办的职工子弟教育是理解中国教育现代化发展的一个重要切入点。笔者之所以会提出这样一种观点，主要因为新中国成立以来，在国家教育方针和政策的影响下，一批较为现代化的单位制企业依托自身优势和现实需要创办了职工子弟教育，使其职工子弟不仅享受到了相对现代化的学习环境，而且还获得了进入现代化国企中参观、学习甚至工作的机会。由此而言，探究国企职工子弟教育阶段历程议题有助于我们总结出一些历史经验，并为当前企业现代化发展、教育现代化发展和人的现代化发展关系研究提供一些参考和借鉴。

进一步地说，虽然学界目前关于单位制的研究已经十分广泛和深入，但关于单位制时期国企创办的职工子弟教育话题却少有问津，更缺乏社会学视角下的国企职工子弟教育阶段历程探研。受此启发，笔者进一步以"典型单位制"②企业 Q 厂创办的职工子弟教育发展阶段历程为中心，简要介绍和分析了单位制时期国企职工子弟教育的阶段历程。在此需要说明的一个问题是，笔者为何说考察的是单位制时期国企职工子弟教育的阶段历程？主要原因在于笔者仅仅收集到了自"1954 年"起 Q 厂职工子弟教育创建方面的信息，于是"1954 年"也就成为笔者考察国企职工子弟教育阶段历程的起点。而后通过进一步查阅史料并开展相关访谈，笔者将"2000 年"设定为考察国企职工子弟教育发展阶段历程的终点。总的来说，"1954—2000 年"发生的涉及 Q 厂职工子弟教育的事件，一方面为笔者开展国企职工子弟教育阶段历程探研提供了经验依据，另一方面也使得笔者视野局限在了这近半个世纪的时间轴线上。于是，在相关文史资料有所限制的前提下，笔者也无意跨越既定的时间轴线进行更为充分和宏大的叙事写作，而是主要把视野放在了 Q 厂职工子弟学校发展、Q 厂职工子弟发展、Q 厂职工子弟学校教师发展和 Q 厂职工子弟教育管

---

① 田毅鹏：《"单位研究"70 年》，《社会科学战线》2021 年第 2 期。

② 田毅鹏：《"典型单位制"的起源和形成》，《吉林大学社会科学学报》2007 年第 4 期。

理单位发展等诸多涉及 Q 厂职工子弟教育发展[1]议题的反思上。综上所述，本书写作的一个目的即在探问单位制时期国企职工子弟教育发展阶段历程的同时，拓展单位制研究并形成一些有关社会学学科发展和社会发展方面的学理反思[2]。

王春林

2021 年 10 月 15 日于吉林大学前卫南校区

---

[1] 因为受到文史资料方面的限制，笔者主要围绕 Q 厂创办的职工子弟小学、职工子弟中学和教师进修学校等场域进行了简要介绍和分析，而没有涉及 Q 厂创办的职工子弟幼儿园，这也是本书的一大缺憾。

[2] 在围绕国企职工子弟教育阶段历程这一带有历史感的话题进行反思时，笔者主要想到的是如何使相关话题与发展社会学相融。需要提到的是，由于笔者分析能力有限，未能做出深刻反思，恳请各位专家学者批评！

目　录

第一部分　教育发展的回眸

第一部分

教育发展的回眸

走近田野，让历史说话

第一章 导 论

一、研究缘起

凡事皆有因。在进行博士学位论文选题过程中，导师一直鼓励笔者做有地域特色的社会学研究。于是，在 2018—2021 年间，笔者深入 Q 厂腹地进行了有关国企职工子弟教育方面的资料收集工作①。其实，当时收集这方面资料主要是想撰写关于单位制时期国企职工子弟教育发展阶段历程方面的博士学位论文。但是，经历了两次博士学位论文开题后，笔者发现如果把握不好"时间"这一重要变量，很容易将博士学位论文写成纯粹的 Q 厂职工子弟教育发展史②，无法凸显研究之意味。因此，经过多次调研并请教专家学者后，笔者最终决定把 Q 厂职工子弟教育发展阶段历程置于发展社会学语境下进行分析，以凸显国企职工子弟教育阶段历程研究的学术意义和社会意义。而实现这一目标只能通过出版专著的形式进行。因为，解析 Q 厂职工子弟教育发展阶段历程必须弄清楚 Q 厂职工子弟教育形成的历史背景、发展脉络和研究意义三者之间的关系，而这显然不是一本博士学位论文的体量所能做到的。

---

① 需要提到的是，笔者在田野调查过程中主要遇到了以下几方面困难。具体来说，首先，有关 Q 厂职工子弟教育的史料十分有限，导致笔者无法通过相关文史资料尽窥 Q 厂职工子弟教育的发展阶段历程；其次，Q 厂职工子弟年龄跨度较大，而且也不集中，不便调研；最后，职工子弟回忆和言说的价值是有限的。从后面的访谈资料可以看出，他们不愿向笔者透露在职工子弟学校学习时的深刻记忆，导致笔者无法围绕国企职工子弟教育话题进行深入研究。因此说，笔者在全书中的分析不够准确和深入，在此恳请大家谅解！

② 教育发展史梳理很容易导致一些碎片化的历史事件罗列情况出现。因此，为增强本书的研究意味，笔者重点围绕国企职工子弟教育阶段历程中的一些事件尝试进行了学理反思。

如本书《序》中所述及的那样，将国企职工子弟教育发展阶段历程置于发展社会学语境之下，一方面有助于社会学和教育史相融，进而丰富教育社会学和发展社会学研究领域内的有关议题。另一方面有助于丰富教育学研究领域内的相关议题。需要指出的是，从目前已有研究情况来看，单位制时期国企创办的职工子弟教育还没有完全进入到学者们的视野中，尤其缺少以具体个案为切入点进行分析的学术性成果。而且像《中国教育年鉴（1949—1981）》和《中华人民共和国教育大事记（1949—1982）》这样的史料，也没有对单位制时期国企创办的职工子弟教育进行过详细介绍。因此，从个案视角出发梳理国企职工子弟教育发展阶段历程，能够对现有教育史方面的资料及相关研究进行一些补充①。

历史地看，自20世纪80年代学界对单位制进行系统研究至今，围绕单位意识、顶替接班、单位组织、单位人等话题形成的研究成果已然足够使我们了解到计划经济时期单位社会的诸多现象和问题，以及单位制在计划经济时期社会管理中所发挥的重要作用。需要指出的是，单位制虽然已经解体了②，但有关它的研究却远未停止。以本书为例。本书不仅涉及到了单位制这一制度，更涉及到了与单位制有关的国企职工子弟教育话题。就目前已有研究成果而言，学界虽然关于"单位人"和"非单位人"的研究已经足够深入，但单位制时期国企职工子弟身份属性、国企职工子弟教育发展历程及其走向等方面的研究稍显不足。基于此，笔者尝试通过Q厂职工子弟教育发展阶段历程，对上述问题进行回应。

在社会学研究中，研究方法是一大重器，选择何种研究方法对现实研究活动影响巨大。而在研究过程中，笔者基于研究对象的情况，主要采用了文献研究法、实地调查法和访谈法。首先，经由田野调查，笔者收集到了一些相关资料③。其次，笔者还对相关主体进行了访谈并收集到了一些回忆性文

---

① 需要提到的是，这里所谓的资料主要一是指Q厂职工子弟的访谈资料；二是围绕国企职工子弟教育发展阶段历程形成的分析文字。

② 杨力超，白鹤菲：《社会转型期单位认同式微与单位共同体的变迁——以山西省大同市TM集团为例》，《社会治理》2021年第8期。

③ 虽然有一定的文献资料作为支撑，但笔者更多的是通过史料走近具体的历史情境中对相关历史进行反思，而非对Q厂职工子弟教育进行系统介绍。

本[①]。需要说明的是，访谈的意义并不完全是为了引入相关主体的话语进行经验性说明，访谈也应该作为线索指引研究者进入到历史情境之中展开丰富联想。由此而言，除了经验性说明外，访谈的意义还在于确保历史的鲜活性、逻辑性和真实性，为学术研究开展提供导引服务。

以上叙述大致对本书写作的缘起和研究意义等进行了简要交代，重点提到了学界关于单位制时期国企职工子弟身份属性、国企职工子弟教育发展阶段历程及其走向等方面研究稍显不足的问题。继而言之，在回答上述问题之前，必先要弄清楚一个概念：国企职工子弟[②]。作为一个内含国企属性的身份，国企职工子弟到底是一种怎样的存在，其与国企之间的关系如何，我们应该如何认识具有这种身份的主体？唯有阐明以上问题，我们才能进一步考察单位制时期国企职工子弟教育的相关问题。

从所处的时期来看，国企职工子弟[③]一语具有十分浓厚的历史意味。特别是在计划经济时期，当某人成为国企单位的正式职工后，其子女随即将获得国企职工子弟的身份。对此，姜润先、金唯忠、张翼、田毅鹏等学者皆有相关论述。在单位制时期，国企职工子弟往往能够依靠血缘关系实现"身份"与"职业"的双重继替[④]。最为直接的表现是，国企职工子弟可以通过"顶替接班"这一制度成为正式的国企职工进入国企单位工作[⑤]、可以进入国企创办的职工子弟学校就读[⑥]、可以获得来自国企单位的学业奖励与资助等等[⑦]。而这也类似于费孝通先生所说的"以'己'为中心，像石子一般投入水中，和别人所联系成的社会关系，不像团体中的分子一般大家立在一个平面上的，而是像水的

[①] 参见后面章节中的访谈资料以及"回忆与研究展望"中的部分内容。

[②] 笔者在此提到的国企职工子弟仅指单位制时期的国企职工子弟。

[③] ［日］田中重好、徐向东：《单位制度与中国社会——改革开放前的中国社会结构》，郑南译，载田毅鹏等著：《重回单位研究：中外单位研究回视与展望》，社会科学文献出版社 2015 年版，第 44 页。

[④] ［韩］丁夏荣：《中国的组织文化——单位家族主义》，芦恒译，载田毅鹏等著：《重回单位研究：中外单位研究回视与展望》，社会科学文献出版社 2015 年版，第 125 页。

[⑤] 田毅鹏、李珮瑶：《计划时期国企"父爱主义"的再认识——以单位子女就业政策为中心》，《江海学刊》2014 年第 3 期。

[⑥] 姜润先：《厂办子弟教育的优势》，《湖南教育》1989 年 Z1 期。

[⑦] ［美］华尔德著：《共产党社会的新传统主义——中国工业中的工作环境和权力结构》，龚小夏译，牛津大学出版社 1996 年版，第 69—70 页。

波纹一般，一圈一圈推出去，愈推愈远，也愈推愈薄"①的"差序格局"，在国企单位中的直观显现②。

承前所述，笔者在这里要说明两个问题：一是关于国企职工子弟的身份属性问题。其实，从关系角度出发，我们能够看到国企职工子弟是因为在国企单位工作的上一代才和国企单位发生关系的，身份较为特殊。进一步地说，国企职工子弟既不是与国企单位直接相关的"单位人"，也不是与单位毫无瓜葛的"非单位人"③。结合图 1-1 和已有关于"国企职工子弟""国企职工子弟教育""顶替接班"方面的研究，我们就可以将国企职工子弟定位于"单位人"和"非单位人"之间，以"间接单位人"谓之。这样一来就可以体现出国企职工子弟与国企单位之间存在的某种依附性关系了。继而言之，所谓的"间接单位人"主要是对那些与单位之间存在一定关联，但还不完全归属于单位的人的一种称谓。二是关于国企职工子弟身份的表达问题。笔者研究认为，使用"国企子弟"或"单位子弟"进行相关研究的做法值得商榷。从图 1-1 所展示的国企职工、国企职工子弟与国企单位之间的线性关系可以看出，在单位制时期形成的"国家—单位—个人"④的社会管理体系中，"个人"的意涵除了包括以国企职工为主体的"单位人"外，还包括国企职工子弟等"间接单位人"。再从具体关系角度出发加以审视后还会发现，国企职工子弟与国企职工之间是实线式直接所属关系，而与国企单位之间则是虚线式间接所属关系。因此可以说，国企职工子弟是国企单位间接管理的对象⑤。故而，将其称为"国企子弟"或"单位子弟"⑥，直接强调其与国企单位之间具有某种强关系的论述不具有合理性，称其为"国企职工子弟"或简称为"职工子弟"较为合理。而这也将避免相关研究者和读者对国企单位和国企职工子弟之间的关系产生某种误解。

---

① 费孝通著：《乡土中国》，人民出版社 2015 年版，第 30 页。

② 需要指出的，笔者在此引用"差序格局"主要有两方面目的：一是借用"差序格局"这一概念，突出国企职工子弟与国企单位之间的关系；二是提升相关分析的学理性。

③ 张济顺：《上海里弄：基层政治动员与国家社会一体化走向（1950—1955）》，《中国社会科学》2004 年第 2 期。

④ 田毅鹏、吕方：《单位社会的终结及其社会风险》，《吉林大学社会科学学报》2009 年第 6 期。

⑤ ［韩］丁夏荣：《中国的组织文化——单位家族主义》，芦恒译，载田毅鹏等著：《重回单位研究：中外单位研究回视与展望》，社会科学文献出版社 2015 年版，第 125—127 页。

⑥ 按照这种分析，笔者后面提到的"职工子弟"主要指的是"国企职工子弟"。

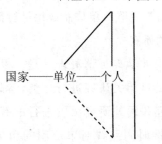

图 1-1　国企职工、国企职工子弟与国企单位间的线性关系

二、文献综述

基于前面的叙述我们很容易发现，本书涉及的主体是国企职工子弟教育。而从已有研究来看，学界关于国企职工子弟教育并未形成明确的专题，相关论述分散于单位制研究中。承前所述，中外学界普遍认为单位制研究肇始于华尔德[①]（Andrew G. Walder）在《共产党社会的新传统主义——中国工业中的工作环境和权力结构》一书中，以"组织性依附""新传统主义"等概念为分析工具，对单位制下工人与工厂之间的依附关系和国家、工厂与职工之间的权利关系等展开的研究[②]。在李路路、王修晓、苗大雷看来："从'单位制'的视角透视中国城市社会基层的组织制度和秩序的研究，一般被认为肇始于魏昂德的'新传统主义'模型。"[③]汪和建认为："华尔德的'新传统主义'模式，已为研究中国单位生活中真实的行动及其制度再建构奠定了基础。"[④]华尔德之后，中外学者主要围绕单位制的起源和变迁以及单位组织的发展等议题进行了研讨。

---

① 除"华尔德"外，"Andrew G. Walder"也常译为"魏昂德"。

② ［美］华尔德：《共产党社会的新传统主义——中国工业中的工作环境和权力结构》，龚小夏译，牛津大学出版社 1996 年版，第 1—5 页。

③ 李路路、王修晓、苗大雷：《"新传统主义"及其后——单位制的视角与分析》，《吉林大学社会科学学报》2009 年第 6 期。

④ 汪和建：《自我行动的逻辑理解"新传统主义"与中国单位组织的真实的社会建构》，《社会》2006 年第 3 期。

下面，笔者将以单位制起源问题的研究、单位制变迁问题的研究①、单位制与"人"的关系研究为主要框架，对学界既有单位制成果进行简要梳理和分析。

（一）关于单位制起源问题的研究

在单位制起源的问题上，中外学界可谓莫衷一是。根据现有研究情况来看，不管研究者从哪一方面出发对相关研究进行分类，都非常注意"时间"这一重要变量。例如，从国内研究和国外研究出发进行的有关单位制起源问题分类，主要围绕的是一种递进性时间路线对单位制的历史脉络进行梳理的。基于此，为了使单位制起源问题更加明确，笔者在参考已有研究的基础上，主要以国外和国内学者的相关研究为"分水岭"展开了叙述。

国外学界关于单位制起源问题的研究，主要围绕一是"供给制"管理模式展开的探问。其实，学者们所言及的"供给制"主要是指免费供给生活必需品的分配制度②，这种"供给制"曾一度被吕晓波等学者视为单位制的雏形③。二是社会主义制度建立以来的单位制形成问题考辨。在田中重好看来，单位制是随着社会主义体制建立后才开始形成的，是改革开放之前中国社会的基本结构④；加拿大学者比约克龙（Elaine Bjorklund）认为"单位"具有"社会—空间"组织结构特征⑤；再从卞历南（Morris L. Bian）的分析来看，中国单位制具有晚清民国开始的企业制度痕迹⑥。

关于单位制的起源问题，国内学界也存在着广泛争论。其中，路风认为："单位的雏形产生于革命根据地最初的经济、社会和文教组织，并在新中国成

①　需要说明的是，此处提到的单位制的起源研究、单位组织的发展研究和单位制的变迁研究思路，主要参考了田毅鹏教授在《重回单位研究：中外单位研究回视与展望》中的专题梳理。在此基础上，笔者进一步细化了有关"单位人""间接单位人"和"非单位人"方面研究的梳理。

②　参考《难忘的供给制——忆东北解放战争岁月》（车广友：《党史纵横》1999 年第 9 期）和《红军初创时期的供给制与经济民主》（张玉亮：《党史博采》1996 年第 4 期）整理。

③　[美]吕晓波：《小公经济：单位的革命起源》，袁泉译，载田毅鹏等著：《重回单位研究：中外单位研究回视与展望》，社会科学文献出版社 2015 年版，第 4 页。

④　[日]田中重好、徐向东：《单位制与中国社会——改革开放前的中国社会结构》，郑南译，载田毅鹏等著：《重回单位研究：中外单位研究回视与展望》，社会科学文献出版社 2015 年版，第 38—53 页。

⑤　[加]比约克龙：《单位：中国城市工作地点的社会—空间特征》，王嘉渊译，载田毅鹏等著：《重回单位研究：中外单位研究回视与展望》，社会科学文献出版社 2015 年版，第 83 页。

⑥　[美]卞历南著：《制度变迁的逻辑——中国现代国营企业制度之形成》，卞历南译，浙江大学出版社 2011 年版，第 285—289 页。

立之初，随着党的组织系统向一切社会组织的延伸而被最后确立起来"[1]；李汉林则在《中国单位现象与城市社区的整合机制》一文中指出："中国单位现象的形成和发展有着极其深刻的社会、政治、经济和文化的背景，决不完全是某一个政权的产物，更多的是中国文化的产物，中国传统的产物"[2]；田毅鹏在对单位制的起源、变迁和治理等问题进行研究的过程中，还依托东北地区单位社会的形成和发展历程，提出了"典型单位制"[3]这一重要概念。同时，在检视以往单位制研究成果的基础上，田毅鹏等还以《"单位社会"起源之社会思想寻踪》《单位制形成过程中的"苏联元素"——以建国初期国企"一长制"为中心》为题，分别从社会思想[4]和国外经验[5]视角出发，对单位制起源问题及单位社会形成的机制问题等进行了探索[6]。综上所述，我们可以看到学界有关单位制起源问题的多维分析。需要指出的是，在探问单位制发轫于何时的过程中，国内外有关学者也主要是给出了一个大致的历史时期，没有给出一个明确的时间节点。如此一来，单位制起源问题也将继续成为一个"百家争鸣"的话题。

(二)关于单位制变迁问题的研究

从新中国成立到 21 世纪之初，单位制在中国城市社会管理体制中扮演了十分重要的角色。根据有学者对单位制历史作用的考察[7]我们可以认为，单位制是国家在计划经济时期使用过的城市管理手段。因此，单位制的变迁问题，不仅涉及制度本身的演进或消解，还涉及单位制下的社会管理模式转型和变迁。综合已有研究成果来看，中外学界主要是基于单位组织变迁、单位制变迁过程中的个人与单位关系走向以及单位制变迁后的社会发展路向等议题，对单位制变迁问题展开了探问。主要论述有：田中重好分析了社会转型过程

---

① 路风：《单位：一种特殊的社会组织形式》，《中国社会科学》1989 年第 1 期。

② 李汉林：《中国单位现象与城市社区的整合机制》，《社会学研究》1993 年第 5 期。

③ 田毅鹏：《"典型单位制"的起源和形成》，《吉林大学社会科学学报》2007 年第 4 期。

④ 田毅鹏、刘杰：《"单位社会"起源之社会思想寻踪》，《社会科学战线》2010 年第 6 期。

⑤ 田毅鹏、苗延义：《单位制形成过程中的"苏联元素"——以建国初期国企"一长制"为中心》，《吉林大学社会科学学报》2016 年第 3 期。

⑥ 柴彦威、陈零极、张纯：《单位制变迁：透视中国城市转型的重要视角》，《世界地理研究》2007 年第 4 期。

⑦ 田毅鹏、刘杰：《"单位社会"历史地位的再评价》，《学习与探索》2010 年第 4 期。

中，单位中间组织解体和非营利组织兴起等问题[①]；魏昂德考察了过渡经济时期，政府对单位制变迁所产生的影响[②]。而国内学者围绕单位组织变迁问题形成的论述主要有：李路路、苗大雷、王修晓在《市场转型与"单位"变迁再论"单位"研究》一文中提出了"挖掘'单位'社会分层效应的具体微观机制，进而探讨'单位'和'单位体制'的变迁，并且，以此为参照来理解中国社会组织的新特点、新功能，将是'单位'研究的方向所在"[③]的研究观点；崔月琴在解析单位制变迁背景下的社会管理组织基础重构问题时指出："中国社会结构的变迁从一定意义上说，就是各种社会力量、不同类型组织功能的重新定位与整合"[④]；田毅鹏、李珮瑶在《国企家族化与单位组织的二元化变迁》一文中，对单位组织形态的复杂变迁过程进行了再认识和再评价[⑤]；吴海琳在《中国组织认同的单位制传统与当代变迁》一文中，对"站在更宏观整体的层面去认识中国组织认同形成与建构的独特制度背景和时代变迁引发的新变化"[⑥]的重要意义展开了论述。

关于单位制变迁过程中的个人与单位关系走向问题，学界主要聚焦于伴随单位制解体而来的个人与个人、个人与社会之间日渐疏离的"社会原子化"状态解读[⑦]。但是，从某种程度上来说，"这种以单位组织为主导的基本结构格局在短时期内还不会彻底改变"[⑧]。因为，在新的社会管理体系尚未彻底定型之前，单位制仍具有一定的影响力。

---

① ［日］田中重好、朱安新：《中国社会结构变动和社会性调节机制的弱化》，《学习与探索》2010年第4期。

② ［美］华尔德：《作为工业厂商的地方政府：对中国过渡经济的组织分析》，晋军译，载田毅鹏等著：《重回单位研究：中外单位研究回视与展望》，北京：社会科学文献出版社2015年版，第212页。

③ 李路路、苗大雷、王修晓：《市场转型与"单位"变迁再论"单位"研究》，《社会》2009年第4期。

④ 崔月琴：《后单位时代社会管理组织基础的重构——以"中间社会"的构建为视角》，《学习与探索》2010年第4期。

⑤ 田毅鹏、李珮瑶：《国企家族化与单位组织的二元化变迁》，《社会科学》2016年第8期。

⑥ 吴海琳：《中国组织认同的单位制传统与当代变迁》，《湖南师范大学社会科学学报》2016年第6期。

⑦ 田毅鹏：《中国社会后单位时代来临?》，《社会科学报》2010年8月26日第3版。

⑧ 李汉林：《转型社会中的整合与控制——关于中国单位制变迁的思考》，《吉林大学社会科学学报》2007年第4期。

关于单位制变迁后的社会发展路向问题，中外学界主要关注的是"谁"将替代"单位"成为新时期连接"国家"与"个人"之间关系的纽带。对此，有学者基于单位制变迁这一语境，提出了何以构建适宜我国城市社会管理新模式的研究思路①。其实，这类思路主要还是从国家治理角度出发，对单位制消解后新社会治理模式建构问题展开的探问。受这方面研究思路的影响，在后继社会治理研究中，不断地有"单位"和"社区"等语词"不期而遇"的情况出现②。如此一来，从"单位制"到"街居制"再到"社区制"的制度变迁历程，以及"社区制"的未来发展问题③，也就成为当前单位制变迁研究的重要议题。总的来说，在当前的学术研究以及社会治理过程中，都会把单位制作为一个重要的存在加以理解。这是因为单位制变迁不仅会引发社会转型之"阵痛"，而且还会产生很多涉及社会发展的学术议题。

(三) 单位制与"人"的关系研究

顾名思义，所谓的"单位制与'人'的关系研究"主要是以单位制为中心，将围绕"国家—单位—个人"④社会管理体系形成的相关研究进一步分解，并透视其内部关系。回视前文，笔者在进行国企职工子弟身份界定时，已然说明了在上述社会管理体系中，"个人"的意涵除了包括以国企职工为主体的"单位人"外，还包括国企职工子弟等"间接单位人"。接下来，笔者将进一步梳理学界关于"单位人""间接单位人"和"非单位人"方面的研究成果。需要说明的是，笔者只是引述了学界现有的一些观点，对"单位人""间接单位人"和"非单位人"方面的研究进行了简要介绍和分析，不够系统和深入。故而对相关话题感兴趣的学者，可以参考其他更具有代表性的研究成果。

1. "单位人"："符号性身份"考察

实际上，"单位人"主要是对与"单位"场域直接相关主体的一种符号称谓（如图 1-1 所示）。从已有论述来看，学界关于"单位人"的研究议题比较分散，既有关注随着计划经济体制解体，"单位人"向"社会人"角色转变过程中的工

---

① 何重达、吕斌：《中国单位制社会功能的变迁》，《城市问题》2007 年第 11 期。

② 芦恒：《以内生优势优化解外部风险——"社区抗逆力"与衰落单位社区重建》，《社会科学》2017年第 6 期。

③ 郝彦辉、刘威：《制度变迁与社区公共物品生产——从"单位制"到"社区制"》，《城市发展研究》2006 年第 5 期。

④ 田毅鹏、吕方：《单位社会的终结及其社会风险》，《吉林大学社会科学学报》2009 年第 6 期。

作变革问题①，也有从中国宗法文化特质对"单位人"伦理选择影响出发，揭示改革开放之前个人对单位、单位对国家的依附关系②。还有研究揭示了一些地区通过人事代理制度，促进计划经济体制下的"单位人"逐步转向市场经济体制下的"社会人"③"社区人"④或"自我企业家"⑤的过程，以及"那些工作在社区但没有居住在社区的单位人，是否应享有选举权"⑥的问题。此外，以"典型单位制"⑦集聚的地域空间——东北老工业基地为点，探讨如何动员国企老职工和老党员参与社区社会治理⑧，也是当代发展社会学研究和社会治理研究的重点议题。如上所言，"单位人"在今天仍然具有一定的研究热度和延展空间。

2. "非单位人"：意涵及身份属性

从"非单位人"这一身份语义出发，我们能够看到与"单位人"不同的是，"非单位人"与单位之间无任何关系。学者们显然是看到了这一点，于是重点围绕"非单位人"与单位之间的关系展开了叙说。总的来说，区分"单位人"和"非单位人"的主要依据是相关主体与单位之间的关系强弱。换言之，也就是看相关主体是不是在"国家—单位—个人"⑨的社会管理体系之内。

除了上述研究成果外，在目前学界有关"非单位人"的研究中，有一个关键词不可忽视——动员。例如，有学者通过全国性社会调查数据（CGSS2013），研究了"单位制对城镇居民的环保公众参与行为的影响"。结果显示，"相比'非单位人'，'单位人'有更高的概率参加那些由国家和（工作）单

---

① 包志勤：《"单位人"向"社会人"的转换与工会工作变革》，《工会理论研究（上海工会管理职业学院学报）》1999 年第 1 期。

② 何玉润：《"单位人"的伦理选择——由宗法文化的特质谈起》，《西安石油学院学报（社会科学版）》2001 年第 1 期。

③ 刘菁、林艳兴：《计划经济体制下的"单位人"将逐步转向市场经济体制下的"社会人"人事代理催生"社会人"》，《瞭望新闻周刊》2001 年第 45 期。

④ 潘嘉、谢志强：《"单位人"变"社区人"对社会管理提出的新挑战》，《中国党政干部论坛》2011年第 11 期。

⑤ 王宁：《后单位制时代，"单位人"转变成了什么人》，《学术研究》2018 年第 11 期。

⑥ 刘志昌、吴猛：《社区选举中单位人选举权的探讨——以 B 社区直选为个案》，《社会主义研究》2005 年第 4 期。

⑦ 田毅鹏：《"典型单位制"的起源和形成》，《吉林大学社会科学学报》2007 年第 4 期。

⑧ 芦恒、蔡重阳：《"单位人"再组织化：城市社区重建的治理创新——以长春市 C 社区为例》，《新视野》2015 年第 6 期。

⑨ 田毅鹏、吕方：《单位社会的终结及其社会风险》，《吉林大学社会科学学报》2009 年第 6 期。

位直接发起或动员的公众参与活动，但这些活动多体现为浅层次的公众参与。"①在此需要提到的是，有关学者围绕新中国成立初期党如何改造居民委员会，使大量无组织的"非单位人"变为国家可以调控的政治力量议题②形成的研究结论，以及动员"非单位人"参与社区治理③方面的研究结论，也为当前"非单位人"的管理和研究提供了一定的参考和借鉴。

3."间接单位人"：意涵及研究思路

在厘清国企职工子弟意涵及身份属性的过程中，笔者也尝试着对有关国企职工子弟这一"间接单位人"的研究成果进行了归类。整体来看，关于国企职工子弟的研究主要涉及"顶替接班"和"国企职工子弟教育"两类议题。

关于"顶替接班"，西方学界主要关注的是单位制时期国企职工子弟身份属性以及由此身份引发的代际流动问题。其中，华尔德（Andrew G. Walder）曾提到中国企业往往优先将那些经过本厂附属职工子弟学校培训过的职工子弟招录为单位职工的现象④。这一点，丁夏荣也曾注意到⑤。我们由此能够看出单位制时期国企单位、国企职工和国企职工子弟之间的密切关系。在陈立行看来，像国企这类单位创办的职工子弟教育，一方面加强了职工子弟管理，另一方面也实现了对职工的组织和动员⑥；田中重好认为，中国的国企单位"不仅具有生产功能，也带有强烈的共同体色彩"⑦。因国企职工子弟这样一种身份，相关主体往往能获得来自国企单位的福利。比如说，在招工时，国企

① 肖哲、魏姝：《单位制视角下中国城镇居民的环保公众参与行为差异分析》，《中南大学学报（社会科学版）》2019 年第 5 期。

② 张济顺：《上海里弄：基层政治动员与国家社会一体化走向（1950—1955）》，《中国社会科学》2004 年第 2 期。

③ 芦恒、蔡重阳："单位人"再组织化：城市社区重建的治理创新——以长春市 C 社区为例，《新视野》2015 年第 6 期。

④ ［美］华尔德：《共产党社会的新传统主义——中国工业中的工作环境和权力结构》，龚小夏译，香港：牛津大学出版社 1996 年版，第 69 页。

⑤ ［韩］丁夏荣：《中国的组织文化——单位家族主义》，芦恒译，载田毅鹏等著：《重回单位研究：中外单位研究回视与展望》，社会科学文献出版社 2015 年版，第 125 页。

⑥ ［日］陈立行：《计划经济时期"非都市性城市化"推进机制研究》，郑南译，载田毅鹏等著：《重回单位研究：中外单位研究回视与展望》，社会科学文献出版社 2015 年版，第 139 页。

⑦ ［日］田中重好、徐向东：《单位制度与中国社会——改革开放前的中国社会结构》，郑南译，载田毅鹏等著：《重回单位研究：中外单位研究回视与展望》，社会科学文献出版社 2015 年版，第 44 页。

职工子弟能直接顶替父代进厂工作①；比约克龙（Elaine Bjorklund）曾指出，在单位制时期，很多单位的职能都会涉及到单位职工子女的养育问题②。由以上相关文献可以看到，国外关于国企职工子弟话题并未形成明确的专题，相关论述主要分散于单位制研究中。

与国外学界类似的是，目前国内学界也主要是从"顶替接班"和"子弟教育"两个方面出发，对国企职工子弟话题进行考察的。继而言之，"国企家族化""父爱主义"和"身份继替"是当前国内学界研究国企职工子弟顶替父辈接班现象的三个重要视角。其中，主要成果包括张翼对"国有企业家族化"问题的阐解③；田毅鹏、李佩瑶以单位子女就业政策为中心，对计划时期国企"父爱主义"的再认识④；蔡伏虹在解读子女接班顶替制度文本的基础上，对身份继替与劳工制度转型问题进行的考察⑤等等。

关于"子弟教育"⑥，现有研究主要集中于国企职工子弟与国企职工子弟学校关系，以及国企职工子弟学校发展与变迁方面的考察。其实，上面华尔德提到的"本厂"主要指的是计划经济时期建立的具有单位制属性的国企单位。循着华尔德的分析我们会发现，国企单位创办的职工子弟教育是充满福利性和制度性的安排。华尔德的这种认识，在一定程度上影响了后继单位制研究者对于国企职工子弟教育的理解。进一步通过"中国知网"平台检索"子弟学校""国企职工子弟""职工子弟教育"等关键词后笔者发现，早在 1934 年，《职业与教育》杂志就曾刊登过《申新职工子弟学校概况》⑦一文，述及了该校的基

---

① ［日］田中重好、徐向东：《单位制度与中国社会——改革开放前的中国社会结构》，郑南译，载田毅鹏等著：《重回单位研究：中外单位研究回视与展望》，社会科学文献出版社 2015 年版，第 46 页。

② ［加］伊莱恩·比约克龙：《单位：中国城市工作地点的社会—空间特征》，王嘉渊译，载田毅鹏等著：《重回单位研究：中外单位研究回视与展望》，社会科学文献出版社 2015 年版，第 86-87 页。

③ 张翼：《国有企业的家族化》，社会科学文献出版社 2002 年版，第 82-83 页。

④ 田毅鹏、李珮瑶：《计划时期国企"父爱主义"的再认识——以单位子女就业政策为中心》，《江海学刊》2014 年第 3 期。

⑤ 蔡伏虹：《身份继替与劳工制度转型——基于子女接班顶替的制度文本解读》，《福建论坛（人文社会科学版）》2015 年第 9 期。

⑥ 当前，"子弟教育"研究涉及"农民工子弟教育"，"农民工子弟"并非本研究关注的对象。本研究主要关注的是"国企职工子弟教育"，因此，笔者在这里对"子弟教育"做出了一些限定。

⑦ 《申新职工子弟学校概况》，《教育与职业》1934 年第 6 期，第 391-392 页。

本情况及其发展建设方面的问题。诚然，这篇文章不能严格称为国企职工子弟教育的研究成果，但我们仍然可以由此进行有关国企职工子弟教育发展史方面的考察。或曰，这篇文章是我们进行国企职工子弟教育研究的重要参考文献。此外，英国学者保罗·威利斯（Paul Willis）在《学做工：工人阶级子弟为何继承父业》一书中关于"工人阶级子弟为何继承父业"[①]问题进行的多维反思，亦能给当前有关国企职工子弟教育研究以重要启示。

改革开放以来，国企职工子弟教育议题受到了社会各界的关注。一方面是因为国企职工子弟教育在某些方面凸显出了国企办学的优势。例如，姜润先在分析"厂办子弟教育"的优势时指出，"厂办子弟教育"具有"人、财、物""家庭和社会支持办学""开辟第二课堂"等优势[②]。另一方面则是因为随着计划经济体制逐渐被市场经济体制取代，单位制逐渐解体后，国企职工子弟教育走向随即也成了一个重要社会问题。总体来看，相关研究主要包括钟祖荣对厂矿子弟学校运行机制的分析[③]、金唯忠对国企市场化改革时代背景下职工子弟教育未来走向进行的预测[④]、申诚钧对地勘单位子弟中小学办学取向的思考[⑤]、武杰对现代企业制度建立过程中的厂办子弟学校现状调查[⑥]、黎辉等对厂矿子弟学校与企业分离对策的思考[⑦]等等。

承前所述，以上研究[⑧]一方面为笔者深入考察单位制时期国企职工子弟教育发展阶段历程提供了重要的参考和借鉴。尤其是在国企职工这类"单位人"基础上，如何进一步通过国企职工子弟这类"间接单位人"，理解单位制时期

---

① ［英］保罗·威利斯著：《学做工：工人阶级子弟为何继承父业》，秘舒、凌旻华译，译林出版社 2013 年版，第 4-5 页。

② 姜润先：《厂办子弟教育的优势》，《湖南教育》1989 年 Z1 期。

③ 钟祖荣：《厂矿子弟学校的运行及其机制》，《中小学管理》1991 年第 3 期。

④ 金唯忠：《试论国有企业子弟学校的现状与走向》，《韶关大学学报（社会科学版）》1995 年第 1 期。

⑤ 申诚钧：《对地勘单位子弟中小学办学取向的思考》，《中国地质教育》1995 年第 4 期。

⑥ 武杰：《存乎、亡乎，厂办子弟学校——建立现代企业制度过程中的厂办子弟学校的现状调查》，《教师博览》1995 年第 7 期。

⑦ 黎辉、陈牛则：《论厂矿子弟学校与企业分离的对策》，《当代教育论坛（宏观教育研究）》2007 年第 11 期，第 71-73 页。

⑧ 受到本书篇幅和研究主题方面的限制，笔者仅仅引入了学界目前比较有代表性的研究成果，而没有围绕全部有关研究成果进行述评，希望各位读者能够予以理解。

国企发展问题。与此同时，我们也能通过"间接单位人"这一新视角，深入理解单位制时期形成的"国家—单位—个人"①的社会管理体系。另一方面，为笔者找寻学科视角带来了一定的启迪。从现有研究情况来看，单位制问题涉及政治学、历史学、教育学和社会学等学科。笔者在详细阅读相关文献后，寻找到了一个总体性视角——发展社会学语境下的国企职工子弟教育阶段历程解析。基于发展社会学语境主要是因为本书在提到 Q 厂职工子弟小学、Q 厂职工子弟中学、Q 厂职工子弟和 Q 厂职工子弟学校教师时，主要涉及的是有关学校与个人发展的关系。由此可见，从发展社会学视角出发解析单位制时期国企职工子弟教育发展阶段历程是何以可能的。此外，我们还能发现，学界当前关于单位制时期国企职工子弟教育发展走向的研究可谓寥若晨星，更缺乏以具体国企单位创办的职工子弟教育为中轴进行的分析。为什么学界会"冷落"这方面的议题呢？笔者在查阅相关文献以及进行田野调查的过程中发现，以具体国企单位创办的职工子弟教育考察国企职工子弟教育相关问题比较困难。不仅因为相关史料不容易搜集到，而且如果没有国企职工子弟这样亲历者的记忆叙事支撑，相关分析也将缺乏真实性和历史感。进一步地说，立足于相关文献记述以及亲历者的回忆，一方面能够使我们深入理解国企职工子弟教育形成、发展与变迁的历程。另一方面我们也能基于国企职工子弟教育发展阶段历程，围绕国企办学、教育现代化和社会学发展等议题形成深刻的理解与反思②。

三、研究对象

翻开记载新中国成立、建设和发展历程的史书后，我们很容易看到很多涉及单位制时期国企办学的经典案例。因为地域方面的一些优势，笔者选择了以 Q 厂职工子弟教育发展阶段历程为研究对象。通过相关研究和史料我们能够看到，Q 厂职工子弟教育可谓是单位制时期国企职工子弟教育的典型之

---

① 田毅鹏、吕方：《单位社会的终结及其社会风险》，《吉林大学社会科学学报》2009 年第 6 期。

② 需要指出的是，笔者在本书中只是提到了考察国企职工子弟教育阶段历程可能会形成一些深刻的理解与反思，但这种深刻的理解与反思是建立在翔实的文献史料和深入的田野调查基础上才能形成的。由于本书存在较多缺憾，因此，未能围绕国企职工子弟教育阶段历程展开深入探研，恳请各位读者予以谅解！

一。因为一方面 Q 厂职工子弟教育是与"典型单位制"①企业发展紧密结合在一起的。例如，后面的口述史中多次出现了有关 Q 厂职工子弟教育为 Q 厂建设和发展培养人才的话语。另一方面，Q 厂职工子弟教育在凸显国企单位对"间接单位人"管理功能的同时，也进一步吸纳了职工子弟学校培养的人才，巩固了单位制，促进了 Q 厂的生产发展。由此可见 Q 厂职工子弟教育的重要性和典型性。

总体来看，"1954—2000"年间，Q 厂职工子弟教育总体上经历了创建、发展和转型②等阶段历程。值得注意的是，随着社会的发展进步，Q 厂不断对其职工子弟教育进行系统化改革，增强了 Q 厂对其职工子弟这一"间接单位人"的管理。后来，随着国有企业市场化改革的深入推进和单位制消解，职工子弟学校也逐渐从 Q 厂中剥离出去，划归地方政府部门管理③，与此同时，Q 厂职工子弟教育也慢慢退出了历史的舞台。需要指出的是，虽然，国企创办的职工子弟学校随着社会改革发展逐渐划上句号，但并不意味着"企业办学"将永远成为过去。一方面，当前国家仍然在鼓励、支持与引导国企办学；另一方面，学界也在深化单位制研究的过程中，逐渐揭开单位制时期国企职工子弟教育的面纱。

继而言之，在阅读相关史料和开展田野调查的过程中，笔者发现了 Q 厂职工子弟教育发展变迁的轨迹。历史地看，Q 厂职工子弟教育不仅为 Q 厂的建设和发展培养了人才，同时也为促进我国工业化和现代化发展培养了众多技能人才，这一点笔者将在后面具体论述。因此，从关系角度出发，围绕职工子弟教育、职工子弟学校场域、职工子弟群体记忆叙事之间的关系进行梳理和分析，将有助于我们形成一个涉及职工子弟教育与社会发展关系的"面"，从而使我们更好地理解历史社会。换言之，在理解与国企职工子弟教育发展阶段历程有关的社会历史进程时，不能围绕某一历史事件本身去构建历史图景。应该把握好国企职工子弟教育、国企单位发展和社会发展之间的关系，并以此为切入点，逐渐呈现出宏大的历史画卷。

---

① 田毅鹏：《"典型单位制"的起源和形成》，《吉林大学社会科学学报》2007 年第 4 期。

② 这一历程概述较为笼统，未能反映出 Q 厂职工子弟教育发展阶段全貌。对此感兴趣的读者可以阅读有关史料。

③ 这是根据 Q 厂各职工子弟学校现状形成的认识。

　　历史虽然逐渐离我们远去，但它不会永远静止。因为相关学者总能以各种办法，让历史更为鲜活地呈现在世人面前。其中，集体记忆、社会记忆、文化记忆等方面的研究比较有代表性。诚然，伴随单位制解体，国企职工子弟教育也逐渐退出了历史舞台①，但它却给我们留下了非常重要的研究思路。例如，它不仅加强了职工子弟与国企单位之间的联系，同时，也加强了国企单位同社会发展之间的关联，继而为我们从关系、发展等维度出发建构知识提供了一种可能性。进一步地说，我们不能把知识简单划分为理论的或现实的。虽然知识有一定的抽象意味，但它脱离不了现实的土壤，即便它已然超越了物质性，可掌握它、传播它、建构它、反思它、批判它的仍然是立足于现实中的人。笔者之所以在此提出这样一种观点，主要是想强调围绕国企职工子弟教育阶段历程展开的研究，既有理论意义，也有现实意义，或者更进一步地说，既有学术意义，也有社会意义②。对我们来说，意义不仅仅是有用性，更是一个反思的点位，能让我们看到过去的事物所具有的闪光一面③。

　　综上所述，以 Q 厂创办的职工子弟教育发展阶段历程为切入点，反思单位制时期国企职工子弟教育的意义与价值将成为本书写作的一条重要进路。诚然，这样做可能有"以偏概全"之嫌，但笔者认为具体个案是我们对单位制时期国企职工子弟教育的意义与价值形成一定认识的重要基础。因此，笔者接下来将重点围绕上述思路进行国企职工子弟教育阶段历程探研。

---

　　①　关于 Q 厂创办的职工子弟教育是何时退出历史舞台的，笔者没有进行过详细考察。但笔者可以肯定的是，在本书形成之时 Q 厂的各个职工子弟学校已经划归地方政府管理。这也给广大研究者提供了非常重要的思路，亦即可以基于某个国企职工子弟教育个案，深入研究单位制时期国企职工子弟教育的变迁过程。

　　②　有关"学术意义"与"社会意义"方面的话题可以参考笔者在第七章中的粗浅认识。

　　③　需要指出的是，必须通过反思这样一种研究品质对历史进行挖掘，这样一来，我们就可以形成一个研究思路：从国企职工子弟教育阶段历程探研中获得了什么。否则，重复已有文献史料和相关口述史，只能弱化研究的意味。

第二章 职工子弟小学的创建与发展

新中国成立初期，国家通过引导部分有条件的国企开办初等教育，不仅实现了对国企职工子弟的教育与管理，同时也在"有计划有步骤地实行普及教育"①的过程中，推动了教育事业发展。下面，笔者将结合《中国教育年鉴(1949—1981)》《中华人民共和国教育大事记(1949—1982)》等史料以及 Q 厂职工子弟的回忆，具体对 Q 厂职工子弟小学发展阶段历程进行简要介绍和分析。需要指出的是，本书写作的目的不是为了梳理 Q 厂各职工子弟小学的校史，而主要是围绕职工子弟小学发展阶段历程进行学理反思。

一、职工子弟小学创建的历史背景

笔者在前面曾提到过，Q 厂职工子弟教育始于 1954 年②，而 Q 厂创建于 1953 年，可见 Q 厂职工子弟教育开办之早。历史地看，Q 厂开办职工子弟教育，一方面与国家的教育方针和政策导向有关，另一方面则与 Q 厂自身的生产发展需要有关③。进一步地说，虽然，Q 厂职工子弟教育是国企创办的教育形式，但其学校建设和发展方向、教育目的以及教学方式等，却是在国家教

---

① 《中国教育年鉴》编辑部编：《中国教育年鉴(1949—1981)》，中国大百科全书出版社 1984 年版，第 123 页。

② 这一时间节点是笔者通过 Q 厂职工子弟访谈得知的。据有关主体回忆："Q 厂职工子弟学校创办的比较早，厂子建立后的第二年就办学校了，我们是第三批学生，记得比较清楚。"(来自职工子弟的访谈)

③ 单位制时期，Q 厂开办职工子弟教育能够减轻职工的一些生活负担，从而促使其更好地投身于工作中，这一观点全书多有提及。

育方针和政策的总体性框架下进行设定的①。例如,《中华人民共和国教育大事记(1949—1982)》曾有关于发展工矿企业小学方面会议的记载②,其中,相关会议是于 1953 年召开的。根据相关史料的记载,我们不但可以明确这样的历史背景,即在 Q 厂职工子弟教育创办之前,国家就已经开始对国企如何创设和发展职工子弟教育进行明确指导,而且还可以看到,国家通过开办城市小学、工矿区小学、乡村完全小学和中心小学等多种学校形式③进行过的教育探索。除上述外,新中国成立之初,国家在普及小学教育过程中坚持的"两条腿走路"④办学方针,在推动我国教育事业发展的同时,也使得 Q 厂这样的国企明确了办学路向。于是,按照当时国家的教育方针和政策,为解决职工子弟的上学问题,减轻职工的生活压力,促进企业的生产发展,Q 厂便创办了第一所职工子弟小学⑤。

基于以上对 Q 厂职工子弟小学创办历史背景⑥进行的简要介绍,我们可以发现国家的教育方针和政策对 Q 厂职工子弟小学创办和职工子弟教育发展具有的影响。正如前面所言,对于 Q 厂这样的国企为何会创办职工子弟小学、发展职工子弟教育,要从国家的教育方针和政策指导以及企业内在需要两方面出发进行分析。下面,笔者将简要介绍和分析 Q 厂各职工子弟小学的发展情况。

二、职工子弟小学发展的阶段历程

翻开记载 Q 厂职工子弟教育发展阶段历程的史书我们将看到,自 1954 年

---

① 这一点其实可以让我们更进一步理解国家和国企单位之间的关系,从而佐证学界相关研究。

② 中央教育科学研究所编:《中华人民共和国教育大事记(1949—1982)》,教育科学出版社 1983 年版,第 94 页。

③ 中央教育科学研究所编:《中华人民共和国教育大事记(1949—1982)》,教育科学出版社 1983 年版,第 94 页。

④ "两条腿办学"的方针主要是指国家办学与厂矿企业、社队办学两条腿走路。(引自《中国教育年鉴》编辑部编:《中国教育年鉴(1949—1981)》,中国大百科全书出版社 1984 年版,第 123 页。)

⑤ 这一观点来自笔者对曾就读于此的职工子弟访谈。

⑥ 历史背景是非常宏大的话题,而在聚焦某一现象的历史背景时,我们很容易联想到各种各样的时间和事件线索。细言之,一些官方史料是寻找 Q 厂职工子弟教育创建背景的重要依据。在这里,笔者尝试把涉及 Q 厂职工子弟教育的史料同记载相关历史时期的官方史料进行了勾连。因为笔者没有深厚的历史学背景,因此难免在阐述职工子弟小学创建的历史背景时有疏漏和不妥之处,恳请各位专家学者批评指正!

起，Q 厂在第一所职工子弟小学的基础上，相继创办了多所职工子弟小学。这些小学的创办与发展与国家的教育方针和政策及 Q 厂的生产发展状况紧密相关。因此说，国企创办的职工子弟学校虽有明确的国企"冠名"，但在分析职工子弟学校时却不能只提及国企，还要涉及到国家与国企的关系①。这一点，笔者在前面文献综述部分已经说的很清楚了。细言之，在介绍和分析 Q 厂各职工子弟小学时，要尝试嵌入"国家"这一重要维度②。

（一）职工子弟第一小学③

在收集史料以及进行访谈的过程中笔者发现，有关 Q 厂创办的第一所职工子弟小学④的史料比较匮乏，这也不得不使笔者通过对相关主体的访谈来了解这一学校的基本情况。其实，一些访谈资料也只是提到了该校创办的大致时间，却没有进一步提到该校发展的详细情况，笔者知道这是今后需要继续完成的工作。历史地看，随着职工子弟第一小学的建立，Q 厂职工子弟教育也正式拉开了序幕。于是，我们便可以称"1954 年"为 Q 厂职工子弟教育的元年。与此同时，这也说明了笔者为什么要以"1954 年"为时间起点，对 Q 厂职工子弟教育展开研究了。换言之，在把职工子弟第一小学嵌入到整个国企职工子弟教育发展阶段历程后，我们就会发现职工子弟第一小学亦是本书提到的国企职工子弟教育的起点场域。

时间是历史事件最好的承载者，也是社会发展变迁的重要刻标。后来，随着职工子弟小学学生人数不断增加，又赶上第一批职工子弟学校学生毕业，为满足他们进一步学习的需要，相关管理单位便在 Q 厂职工子弟小学开办了初中班⑤。据曾就读于此的职工子弟回忆："第一届学生也就比我们大那么个三四届，他们那年毕业的时候，没有中学，后来 Q 厂就想了一个招，小学里

---

① 前面在梳理单位制有关研究时笔者已经提到国家和国企单位之间存在一定的关系。因此，在考察国企职工子弟教育的时候，不能仅仅考察国企职工子弟教育与国企之间的关系，应该通盘考察国家、国企和国企职工子弟教育之间的关系，如此一来，上述研究背景也将与本章内容有效衔接起来。

② 在这里，笔者将提到两个值得进一步研究的问题：一是"两条腿办学"方针下的国企办学是否有更多办学的自主权值得研究；二是国企办学过程中是如何突出职工子弟学校国企特色的也有一定的研究价值。

③ 需要指出的是，Q 厂第一所职工子弟小学的全名并不是"职工子弟第一小学"。笔者为使学校的序列更加完整地呈现在读者面前，便采取了这样一种写作方式。如有不妥之处，还请大家见谅！

④ 为使叙事简洁明了，笔者在下面将用"职工子弟第一小学"进行替代。

⑤ 除了后面的口述史外，史料中也有相关记载。

办初中班，这样就把问题给解决了。"①通过上述回忆我们能够感知到 Q 厂职工子弟教育进一步发展的必然性。需要指出的是，有关 Q 厂职工子弟中学方面的问题，笔者将在第三章中进行具体介绍。而笔者接下来将基于一些史料和访谈，尝试对初创之时 Q 厂职工子弟教育的有关情况进行简要介绍和分析。

其实，Q 厂的职工子弟教育能够得以进一步发展，与国务院和教育部发出的规定和通知有关。1955 年，国务院发出了《关于工矿、企业自办中小学和幼儿园的规定》，明确规定了各工矿企业如何解决职工子弟上学的问题②。同年，教育部发出有关通知提出了如何解决企业部门办理的小学和幼儿园的师资问题的大致方案③。基于以上有关规定和通知，我们可以想到 Q 厂职工子弟教育不断发展具有一定的必然性。

记忆研究者近乎一致认为，解读某回忆主体在某时某地经历的一条重要路径是，临近或进入到相关回忆主体"地点的记忆"④中。实际上，Q 厂职工子弟"地点的记忆"主要是指与其身份有关的场域。进一步而言，他们曾就读的职工子弟第一小学，是考察 Q 厂职工子弟经历与记忆的重要场域维度。因为，职工子弟第一小学一方面作为关系系统，构建、维持与强化了 Q 厂职工子弟与 Q 厂职工子弟教育之间的关系。例如，围绕职工子弟第一小学，曾就读于此的职工子弟如是说道："我们当时的职工子弟小学可好了，因为是第一所小学，所以还挺受重视的。那个时候 Q 厂也是刚起步，很多东西也不成熟。我那个时候才 7 岁，就上小学了。只能说啥呢，沾了父母那一辈的光，没有他们，我没准啊，都上不了学。"⑤"我小学是在 Q 厂职工子弟小学读的，1954 年创办，后来又改名为实验小学。"⑥"我们那个时候就在实验小学上学。实验小学是当时省里为数不多的好学校，是 Q 厂的第一所小学发展过来的。在我们

---

① 来自笔者对曾就读于此的职工子弟访谈。

② 中央教育科学研究所编：《中华人民共和国教育大事记(1949—1982)》，教育科学出版社 1983 年版，第 121 页。

③ 中央教育科学研究所编：《中华人民共和国教育大事记(1949—1982)》，教育科学出版社 1983 年版，第 121 页。

④ ［德］阿莱达·阿斯曼：《回忆空间——文化记忆的形式和变迁》，潘璐译，北京大学出版社 2016 年版，第 343 页。

⑤ 来自笔者对曾就读于此的职工子弟访谈。

⑥ 来自笔者对曾就读于此的职工子弟访谈。

的印象中，实验小学，无论是硬件，像跑道、教学楼、微机室，还是老师的教学水平都是一流的。"①通过上面的访谈资料，我们大致能了解到职工子弟第一小学的发展简况以及国企职工子弟教育的一些优势。

国企单位发展变迁过程中，其附属职工子弟学校也在不断迈着发展的步伐前行。由此可见，职工子弟学校的发展深受国企单位发展的影响。例如，Q厂建厂初期创办的职工子弟第一小学后来发展成了"实验小学"，这足以说明 J省对 Q 厂职工子弟教育的重视与认可②。需要指出的是，由于关于此学校方面的史料较少，所以笔者无法揭示其全貌。但是，仍然可以从职工子弟的口述中，看到职工子弟第一小学的有关信息及其与"实验小学"之间的时空关联。据此可知晓笔者为什么强调要以发展的视角，尤其是发展社会学的视角审视国企职工子弟教育发展阶段历程问题了。主要是因为从纵向的时间维度来看，"1954—2000"年间，Q 厂职工子弟教育的主流方向是向前的、递进的、发展的。而从空间维度来看，由"职工子弟第一小学"的创办再到"实验小学"的建立充分说明场域变迁中蕴含着发展的语义。就像曾就读于此的职工子弟说到的那样："啥不是发展来的？小学中学都一样，所以你一说我们那个学校怎么怎么发展了，我就高兴，我也愿意和你谈，毕竟这些都是我经历过的历史，你是小辈、晚辈，你没经历过，你想把这段历史补上，就得问我们。唉，就是我们这些子弟在世的已经不多了……"③

总之，学校场域的发展和变迁是非常重要的社会现象。因为，从职工子弟第一小学变成了实验小学，这其中就有很多值得关注的话题。像场域发展和变迁后给职工子弟教育带来了哪些影响？当然，这些偏重于心理维度的内容并不会写在史书里，需要我们走进田野，多找一些当年实验小学的老师和学生才有可能获知一些信息。此外，还需要指出的是，前面在梳理有关单位制的研究时笔者已经说得很清楚了，国家和国企单位之间存在着一定的关系。因此，在考察国企职工子弟教育的时候，不能仅仅考察国企职工子弟教育与国企之间的关系，应该通盘考察国家、国企和国企职工子弟教育之间的关系，如此一来，上述研究背景也将与本章内容有效衔接起来。

———————————

① 来自笔者对曾就读于此的职工子弟访谈。

② 这一点可以参见上一段中的职工子弟访谈。

③ 来自笔者对曾就读于此的职工子弟访谈。

总的来说，本书涉及到的国企职工子弟教育发展阶段历程话题非常浅显，或者可以说只是对国企职工子弟教育阶段历程进行了初步考察，很多介绍和分析是基础性的。这也提示着笔者要明确在后续的研究中，如何进一步拓展国企职工子弟教育阶段历程方面的研究。据此笔者想到，从发展社会学的视角出发理解职工子弟第一小学的发展历程，可以使我们更好地洞悉学校发展（微观）与社会发展（宏观）之间的关系。但在研究中需要注意的是，不能完全把学校发展历程看成是历史事件堆砌，最为理想的行动是从学术研究视域出发对相关事件加以解构，使学术与现实意义贯通学校发展历程分析中。

（二）职工子弟第二小学

学校场域数量增加是理解学校教育发展的一个重要方面。在职工子弟第一小学创办后不久，为缓解职工子弟入学压力，Q厂创办了第二所职工子弟小学[①]。在创办第二所职工子弟小学后，Q厂职工子弟教育也逐渐步入了新的发展轨道中。细言之，职工子弟第二小学不仅夯实了Q厂职工子弟教育的基础，而且还为Q厂建设和社会发展培养了很多优秀人才。据曾就读于此的职工子弟回忆："我们当时很多人从第二小学毕业以后，多数考了初中，挺多人最后又回Q厂工作了，那个时候我们二小的学生对Q厂发展贡献还是很大的，像有的人，我就不跟你说他的真名了，最后当了Q厂挺大一个领导，就是我们二小出来的。过去了这么多年，我对这事记忆还是挺深的。"[②]"二小学校非常好，那时候Q厂也发展了，人也多了，升学压力也大，没办法只能建'二小'。我就在二小毕业，很多事都是些鸡毛蒜皮的小事，没啥可讲的。"[③]实际上，作为当年曾就读于这所学校的学生，上面两位职工子弟在叙说这段历史的时候，总把自己和职工子弟第二小学融为一体。因此，笔者自然也不会对他们的话语产生怀疑。

需要指出的是，口述史也容易让人产生疑虑。因为它出自个人之口，难免带有一定的主观倾向性。笔者在访谈过程中曾发现这样一种现象，当职工子弟遇到自己感兴趣的话题时，就会多说几句，反之，则会一言不发。表面上看这是人之常情，但如果把职工子弟的这种表现与具体的历史话题相结合

---

① 除了后面的访谈资料外，史料中也有相关记载。

② 来自笔者对曾就读于此的职工子弟访谈。

③ 来自笔者对曾就读于此的职工子弟访谈。

后就会发现，这是他们对于历史的一种态度。当然，我们并不是与他们同处过一个时代的人，根本不知道在具体的历史情境中发生了什么。正因为如此，通过职工子弟的口述史，我们往往容易提炼出一些碎片化的事件，却无法进行更为宏大的历史画面建构。实际上，只有那些具有一定互动关系的主体聚在一起进行回忆和言说的时候，宏大的历史画面才能逐渐地呈现在我们眼前，主要是因为个人叙说的历史交互结合成了关系性记忆。而这种关系性记忆得以维系的和延续的重要原因在于主体间的交往和互动。因此说，如果想要摆脱史料文献，通过职工子弟群体的记忆叙事进行相关历史建构，必须打通不同主体之间的关系，使之形成一定的关系性。当然，主体间的关系只能是交往的，而不能是排斥的。在田野调查过程中，笔者还发现有一些职工子弟因为不认同其他职工子弟所说的观点，进而产生了一些排斥性的话语和行为，访谈和互动也戛然而止，笔者期待的历史画面至今未能出现。由此笔者想到，在访谈过程中研究者必须发挥好中介作用，让不同主体有序沟通和交往，否则将影响到访谈的质量

在调研过程中，笔者从有关主体口中得知 Q 厂创办的职工子弟第二小学曾有过从"合并"到"恢复"再到"合并"的曲折发展过程①。对此，曾就读于此的职工子弟如是说道："第二小学是五几年建的，七几年的时候呢，它被第五小学并了。我没事还翻翻历史，看看那段时间发生的事，但是太可惜了！……有的历史书没了。后来，我们几个同学找到了 Q 厂编的一本史书，上面写着是……恢复建立了第二小学，到了……又和第二小学合并了，你看第二小学发展的这个过程，多曲折啊。"②

职工子弟口述的历史直接填充了职工子弟教育发展史中的缝隙，从而使我们对职工子弟第二小学发展阶段历程形成了较为系统的认识。需要指出的是，相关史料对于职工子弟第二小学创建之初情况介绍较少，因而笔者也只能通过有限的史料和访谈提到一些基本信息。我们其实可以循着这些信息建构出单位制时期国企办学的研究议题，尤其是职工子弟学校的发展与社会发展之间的关系。例如，曾就读于此的职工子弟回忆道："我们当时小学特别注意社会能力培养。你比如说品德课，我们老师总让我们写啥呢，写一些社会

---

①　除了后面的访谈资料外，史料中也有相关记载。

②　来自笔者对曾就读于此的职工子弟访谈。

感想。可能你不知道，就是写你上了这个课以后，你觉得对社会有啥用。那个时候小，我们大家互相抄，基本上写的都是为社会做贡献。反正老师每次听大家这么说都挺高兴，我现在也能理解老师的心情，毕竟学生有了社会情怀嘛！是好事。可是我们那个时候也不知道啥是社会情怀，就知道为社会做贡献是好的。"①从这段话语中我们不仅能够看出职工子弟第二小学为社会发展培养合格人才做出的努力，而且也能看出国企职工子弟教育与社会发展之间的关系。一言以蔽之，学校场域培养的人才成为了连通职工子弟第二小学和社会发展之间关系的中介桥梁。综上可见，透过职工子弟第二小学的历史发展简况，我们不仅能够了解到单位制时期国企职工子弟小学的发展历程，而且还能总结出国企职工子弟教育的有关经验。

(三)职工子弟第三小学

数字是呈现发展或倒退状态的重要标志。从一所职工子弟小学到两所职工子弟小学，我们能够看出 Q 厂职工子弟教育的发展状态。而第三所职工子弟小学建立后，我们则可以用继续发展来形容 Q 厂职工子弟教育。实际上，继续发展不仅可以形容一个主体的前进状态，还可以形容由多个主体联合而成的整体发展状态。以 Q 厂职工子弟教育为例。当第三所职工子弟小学创办后，Q 厂职工子弟教育整体实现了发展，当然主要是学校数量方面的发展。可见，职工子弟学校场域在促进职工子弟教育发展中具有的重要意义。

1961 年②，Q 厂职工子弟第三小学③成立了。据曾就读于此的职工子弟回忆："第三小学的历史是比较久的，1961 年创办，比第一所小学晚了七八年左右。按照你的那种推论到 2000 年，第三小学也有 40 年的历史了。所以，你写东西的时候，如果能找到这方面的资料最好了，但是一些非常重要的史料基本上都遗失了，你也没法找。那个时候我还建议你去 C 市的 CQ 高专找资料，为啥呢，因为那个学校是 Q 厂办的职业学校前身，现在也收子弟呢。……那次我还进了一次图书馆看书，结果看到不少我们当年小学时候的教材。"④这段访谈资料为笔者提供了非常重要的线索。实际上，笔者也曾多次前

---

① 来自笔者对曾就读于此的职工子弟访谈。

② 除了后面的访谈资料外，史料中也有相关记载。

③ 为使叙事简洁明了，笔者在下面将用"职工子弟第三小学"进行替代。

④ 来自笔者对曾就读于此的职工子弟访谈。

往职工子弟所说的 CQ 高专找资料，但是，由于各种原因，未能寻找到有价值的历史资料。因此，在考察职工子弟第三小学发展阶段历程时本书不免有一点缺失。毕竟缺少历史典籍，仅靠口述史支撑难免让人觉得相关分析过于主观。继而笔者也明确了后续任务——加强相关史料的收集和整理。总的来说，在后来的发展中，Q 厂职工子弟第三小学校取得了较为丰硕的教学成果。据曾就读于此的职工子弟回忆："第三小学给 Q 厂给社会都培养了很多人才，我们当时参加体育运动会，不管是厂里组织的，还是全国的，总拿金牌、银牌，成绩非常好。除了这个以外，我们也参加各种竞赛，用现在的话说名列前茅吧！三小最好的学科我觉得是语文和数学，因为当时分配过来的老师都比较专业，也非常注意这方面的教学，学生兴趣很高。不知道你们当时上语文课是啥样的，我们都举手，抢答，课堂非常活跃，老师都不知道该叫谁。所以，三小出去的孩子最后不少都有那种文艺细胞，写写画画，还有能整篆刻的。"①

　　史料记述和相关主体的回忆能使我们大致勾勒出职工子弟第三小学的发展阶段历程。其中，全面提高学生素质过程中所取得的一些成绩，也凸显了国企办学的一些优势。除此以外我们还可以看到，随着职工子弟人数增加，Q厂职工子弟小学的数量也在不断增加，规模也有所扩大。一方面，这是国企单位为满足自身及职工需要而做出的具体调整。另一方面，国企单位在增加职工子弟教育开支的同时，也进一步提升了"国家—单位—个人"②管理模式的影响力。尤其是在这一管理模式下，国家通过国企单位、职工子弟学校对"单位人"和"间接单位人"形成了双重管理。在笔者看来，这些都是潜在于单位制时期国企职工子弟学校发展历程之中的细节问题，是需要研究者透过相关史料深入挖掘的重要问题。当然，由文字堆砌而成的史料只是我们了解历史背景的素材。而在进一步深挖具体情节时，还需要通过口述史促使历史更加鲜活地呈现在我们面前。承前所述，在使用口述史料时也要注意回忆者叙说事件的真实性，而这离不开历史典籍的佐证。可是，历史典籍是由人来撰写的，往往也容易受到质疑。因此最为理想的办法是让口述史和历史典籍互证。如果二者较为契合，那么彼此就可以验证对方的真实身份。其中，记载 Q 厂职

---

① 来自笔者对曾就读于此的职工子弟访谈。

② 田毅鹏、吕方：《单位社会的终结及其社会风险》，《吉林大学社会科学学报》2009 年第 6 期。

工子弟教育的史书和 Q 厂职工子弟学校学生的口述史就是最好的互证双方。也正因为如此，在考察上述问题时，笔者十分注意它们之间的契合度。

(四)职工子弟第四小学

后来，Q 厂根据国家教育方针和政策以及自身的现实需要，创办了 Q 厂职工子弟第四小学①，有力保证了适龄职工子弟得以就近入学，促进了 Q 厂职工子弟教育实现了进一步发展。

关于职工子弟第四小学创办的具体时间，笔者收集到的史料之间存在偏差。虽然差别不大，但是却影响到了职工子弟第四小学创办时间的准确性，导致笔者对于相关史料的真实性产生了质疑。当然，囿于史料所限，关于职工子弟第四小学到底创办于何时，笔者当前无法给出明确的时间节点。这不仅仅是因为上述两个史料之间的记述存在差异，更因为涉及 Q 厂职工子弟教育的史料遗失较多，有关主体的记忆也比较模糊，因而上面的问题较难考证。

承前所述，基于职工子弟的访谈，我们能够看出职工子弟第四小学的创办直接促进了 Q 厂职工子弟教育的发展。细言之，除了能在一定程度上缓解由于职工子弟人数增加而引发的入学难问题外，职工子弟第四小学也使得 Q 厂职工子弟教育的影响力不断扩大。据曾就读于此的职工子弟回忆："当时厂子办子弟学校发展速度非常快，因为有钱。钱从哪儿来呢？就是厂子给拨的。有钱以后，盖操场、盖楼、买设备就容易多了。所以，我念过的那个第四小学发展很快。其他子弟学校也是一样的。"②"刚开始第四小学招生的时候，主要是划片招生就学，啥意思呢，就是这块有学生了，然后开始整一个学校。刚开始的时候比较艰苦，也不是那种特别苦，就是砖房。后来发展好了，Q 厂给拨款了，就盖大楼。很快，第四小学的影响力就提上来了，学生的成绩不断提高，参加各种比赛总拿名次，软件硬件也都不输给其他子弟小学了。"③这两段记忆叙事使我们直观看到国企经济投入给职工子弟学校创办及发展带来的影响。因此，笔者必须提到的是在国企单位办学优势中，经济优势居于首位④。进一步而言，在巨大的经济涡轮带动下，职工子弟第四小学才得以快

---

① 为使叙事简洁明了，笔者在下面将用"职工子弟第四小学"进行替代。

② 来自笔者对曾就读于此的职工子弟访谈。

③ 来自笔者对曾就读于此的职工子弟访谈。

④ 姜润先论述的"厂办子弟教育的优势"中也有相关论点。

速发展和变迁。

围绕关于职工子弟第四小学发展阶段历程的记述我们大致可以看到 Q 厂职工子弟教育发展的缩影。这种发展不仅包含着从"过去时""现在时"向"未来时"的演进，更包含着 Q 厂在不同历史时期对其职工子弟教育适时做出的一些调整，因时制宜地促进了教育与社会发展有机结合。综上可见，教育只有适应社会发展需要，跟上时代发展步伐，才能更好地凸显出存在的意义和价值。但与此同时我们也要反思到，经济投入并不是发展教育的唯一方式。发展教育需要建立体系化的培养模式，尤其要注重学校场域之内学生德智体美劳等方面能力的塑造，为社会运行和发展培养优秀的接班人。

(五)职工子弟第五小学

紧随职工子弟第四小学之后，笔者接下来将在此介绍 Q 厂创办的职工子弟第五小学①。需要提到的是，笔者在涉及 Q 厂职工子弟教育的史料中未见系统介绍，只有几句关于职工子弟第五小学成立之初的情况简介。而且关于职工子弟第五小学成立的时间，史料中的记载再次出现了不统一的情况，使笔者不敢使用相关史料展开研讨，只能依托访谈资料分析和解读涉及职工子弟第五小学的话题。笔者在访谈中听到有人这样说："你说的那本史书我也看过，网上还有卖作者签名版的。但是你好好读就发现前后数据对不上，尤其是学校成立的时间和人数。你像我们又是子弟，后来又在 Q 厂工作过，所以很容易了解到一些厂史，当然我不能给你。……像有的史料里人数、时间和表述都比较模糊。'几十年'这样的字特别多，我也没办法帮你梳理。所以你想深挖历史，必须好好收集素材。把那些历史记述的东西放一块一比较，很多东西就出来了。但是，这里面也有一个问题，这么多史料信谁不信谁也不好说啊。"②其实，有关主体所说到的情况正是笔者的困扰。史料有限，史料之间又有冲突，这种情况导致笔者很难择取。基于此，笔者想到如果使用这样的史料去解读国企职工子弟教育发展阶段历程的话，那么，可能会让更多的人产生困惑。因此，面对史料记载方面存在的"困惑"，最好的办法是朝那些亲历者走去。毕竟，亲历者再现自己经历与记忆的过程中，往往会同具体的历史情境进行勾连，从而使记忆最大限度地保持历史感。但是，笔者在调研

---

① 为使叙事简洁明了，笔者在下面将用"职工子弟第五小学"进行替代。

② 来自笔者对曾就读于此的职工子弟访谈。

过程中还遇到了这样的情况，即见证过子弟教育事业的相关人员不愿透露自己的经历与记忆。进一步地说，见证过历史的人不发声是教育史研究中的困扰之一。面对这种不发声的情形，我们也只能回转到史料上，并尝试通过有限的文字走近历史现场。但由于笔者对史料存在一些质疑，因此也没有这样做。

因为缺乏更加具体、明确、统一的史料作为支撑，故而笔者也未能对职工子弟第五小学进行更为全面的介绍和分析。对此，我们需要寄希望于那些对 Q 厂职工子弟教育感兴趣的学者们，在后续研究中通过口述史或其他权威史料把这一问题补充完整。亦如访谈过程中有人提示笔者时说到的那样："你没经历过那个时候，你也不是我们企业的人，所以你就没办法深挖这段历史。实在感兴趣，或者有需要你就找那些子弟。当然了，我知道的，你像我母亲她们那一辈的都快 80 岁了，她们那一批同龄人很多都去世了，所以吧你想找到这样能和你唠的人，还真的得下一番功夫啊。"①确实如此，我们如果不再关注这一群体的记忆叙事，那么这一群体终将随着历史的前进而慢慢离我们远去。

需要说明的是，把职工子弟第五小学有关史料补充完整的目的有二：一是为了能够更好地展现出单位制时期国企职工子弟教育，尤其是 Q 厂职工子弟教育的发展状态，继而使我们深入理解单位制时期国企职工子弟教育的发展和变迁历程。二是为促进社会学与教育学深度结合，"为中国教育与社会进步贡献更多实质力量"②。而想要达到上述研究目的，一方面需要研究者通过深度田野调查，收集到丰富的集体记忆素材；另一方面则需要研究者借助相关学科话语，对相关记忆素材加以整理和解读，避免其"成为封存在人类历史档案馆中的记忆典籍"③。通过以上分析我们可以想到，研究者不仅要想见历史是如何记录、形塑与延续记忆的，更要尝试形成一些超越记忆本身的认识，亦即反思。当然，这种反思是多学科、多维度、多方面的，不是围绕一种单向的、从历史到现在的短暂线性过程进行思考。它应该是从历史指向更为长

---

① 来自笔者对曾就读于此的职工子弟访谈。

② 周勇：《理论建构、学术共同体与社会基础——当代中国教育社会学的前沿进展反思》，《教育学术月刊》2013 年第 1 期。

③ 周晓虹：《口述历史与集体记忆的社会建构》，《天津社会科学》2020 年第 4 期。

远的未来，既包括对集体记忆存在的认识，也包括对记忆绵延①的认识，更包括对记忆可能给未来社会发展带来哪些影响的深刻认识。

（六）职工子弟第六小学

在资料收集和整理的过程中笔者发现，同前面提到的 Q 厂职工子弟第五小学一样，关于 Q 厂创办的第六所职工子弟小学②的史料也不尽丰富。因此，笔者也只能基于有关主体的回忆和言说，简要介绍和分析职工子弟第六小学的由来及其发展阶段历程。有人曾回忆道："Q 厂职工子弟第六小学这个学校成立的比较早，毕业的人升初中、高中以后很多都在 Q 厂工作。……后来就改成了第六小学了。至于你说这方面史料很少也是正常的。"③

上面访谈中仅仅提到了"成立的比较早"这样的信息，没有出现更多关于细节尤其是职工子弟第六小学校发展的全过程。关于这一问题也有待于在后来的研究中，继续依托更为详实的史料和有关主体的回忆加以深化。如前所述，厘清职工子弟第六小学校的发展脉络，尤其是该校成立的时间和发展历程，不仅有助于我们理解国企职工子弟教育发展的阶段历程，而且也有助于我们理解国企与其创办的职工子弟学校之间的关系。

实际上，Q 厂与其各职工子弟学校之间主要是隶属关系，各职工子弟学校归 Q 厂管理。由此则可以看到宏观场域和微观场域之间的关系状态。当然，这里所谓的宏观场域和微观场域是相对的。需要指出的是，国企依托各职工子弟学校开展的国企职工子弟教育是解释国企职工子弟回流本单位工作的重要依据。因为它赋予具有国企职工子弟身份的主体以文化资本，助职工子弟进入 Q 厂等国企单位工作。所以，以一种动态的、变化的、发展的视角看待职工子弟学校及其与 Q 厂之间的关系十分必要。继而言之，我们能在这样的视角下对很多问题形成合理性解释。当然，解释的视角并不是唯一的，我们需要根据问题特点选择合理的视角。换句话说，以静态的视角看待上述场域之间的关系不行吗？其实也可以。例如，场域之间会因为某种关系而形成难忘的瞬间。当这瞬间被人们印刻在脑海之中后，场域之间便形成了某种静态结构。所以说，把主体围绕场域形成的记忆看做是一个点位，有助于我们从

---

① ［法］亨利·伯格森：《材料与记忆》，肖聿译，译林出版社 2011 年版，第 16—18 页。

② 为使叙事简洁明了，笔者在下面将用"职工子弟第六小学"进行替代。

③ 来自笔者对曾就读于此的职工子弟访谈。

另一个侧面看待场域及其内部结构。同时，根据这种静态的视角我们也能理解国企与其创办的职工子弟学校之间的多维关系。

（七）职工子弟第七小学

在田野调查过程中笔者发现，大家对Q厂创办的职工子弟第七小学[①]的评价很高，说它是一所较为现代化的小学。根据有关主体的口述笔者也不得不形成这样的主观判断：职工子弟第七小学在Q厂职工子弟教育史上留下了浓墨重彩的一笔。据曾就读于此的职工子弟回忆："子弟七校成立的比较晚，你像我就是七校毕业的……第七小学占地面积很大，学生也多，在当时算是规模比较大的学校了。你要让我具体说说学校咋样，我只能说学校在当时来说很现代，微机室、语音室、塑胶场地啥都有，然后比赛啥的也总获奖。成绩嘛，Q厂子弟学校的中上游。"[②]"我们在第七小学上学的时候几乎每班都有一台彩电，还有投影仪……当时有这样的设备就已经很好了。老师课讲得也很好，因此呢，我们当时的学习兴趣很高。"[③]

以上笔者主要基于职工子弟的口述，简要介绍了职工子弟第七小学概况。从职工子弟第七小学初创与发展的阶段历程介绍中我们可以发现，在国家和企业双重管理下，职工子弟教育所取得的一些成绩以及国企办学的一些优势。当然，就像本书题目中所提到的那样，这些"成绩"和"优势"是阶段性的。因为，伴随单位制解体，国企单位附属的职工子弟学校的性质也将发生改变。于是，很多"成绩"和"优势"便会成为一个历史阶段的产物，成为一段过去和一串记忆。当然，作为研究者不能让记忆永远成为过去时，毕竟对过去的记忆进行解读有助于我们形成深刻的反思，进而观照当下，展望未来。这也是当前社会学界努力把历史、记忆与社会发展进行衔接的要义所在。由此而言，我们也应该在深入解读国企职工子弟有关教育方面记忆的同时，进一步围绕教育与社会发展的关系形成反思。

那么，如何反思职工子弟小学？笔者主要采取了以下两种方式，一种方式是直接围绕现存的本体进行考察继而形成反思。我们都知道Q厂职工子弟小学建制已然不存在，但是它当年的地理位置仍然存在。虽然有的学校已经

---

① 为使叙事简洁明了，笔者在下面将用"职工子弟第七小学"进行替代。

② 来自笔者对曾就读于此的职工子弟访谈。

③ 来自笔者对曾就读于此的职工子弟访谈。

发生重大变化，比如说，校名、管理单位、运行模式等都发生了改变，但曾经办学的地点依旧是它的本体所在，很容易触发相关主体围绕职工子弟小学发展变迁过程形成深刻的反思。另外一种方式是直接围绕事物本身进行思维建构。例如，根据史书中的记载反思 Q 厂职工子弟小学存在的意义和价值。当然，这种反思活动主要是对史料本身的反思，较少对职工子弟小学本身进行反思。因为职工子弟小学已然不存在，人们只能通过记载其历史的文字进行思考。从目的角度来讲，对于研究者来说反思相关地点或史料主要是为了能够走近职工子弟小学的历史，对于职工子弟来说反思相关地点或史料主要是为了寻找记忆。

承前所述，接下来笔者将简要介绍一下通过文字或图片走近研究对象前后的研究进展。在撰写这本书之前，笔者看了很多史料，也正因为如此，笔者才能在不高频引用史料的基础上展开研讨。需要说明的，我看到的相关史料很少带有反思性语言，十分便于理解。可就是这样的史料，让笔者看到了职工子弟教育从无到有，逐渐发展的历史过程，并想到了用发展的语义解读国企职工子弟教育的发展阶段历程，并围绕国企职工子弟教育阶段历程展开了探研，形成了一些有关教育与社会发展关系方面的反思。例如，本书第二部分中的几篇论文就是笔者反思的结果。笔者认为，研究不应局限于所研讨的问题本身，而应围绕所研讨的问题，凝聚出一个关键词，进一步深思这一关键词与社会发展之间的关联。以国企职工子弟教育为例。国企职工子弟教育只是教育中的一个细类，在面对这样的话题时，我们也应该适时地调整研究方式，升华这一主题具有的学术意义，从而打开研究思路，围绕当前的教育话题进行学术研究。比如说，在《家庭作业批改中的义务矛盾解析——基于场域理论和交往行为理论》一文中，笔者从场域理论和交往行为理论出发，对"谁该批改学生家庭作业"的问题进行了解析，探讨了如何通过构建公共领域以及协调关系的组织等举措，引导教师和家长分别走出学校和家庭场域进入到公共领域中，运用正确的语词开展有效沟通，以在化解义务矛盾的同时，促进双方进一步达成有关"何以培养学生"问题的共识，进而实现"家校共育"效果最大化的逻辑理路。这启示我们要用发展的视域而非静态的视域看待教育话题，并且尽可能地在研究过程中将教育与社会发展联系起来。需要提到的是，笔者之所以以自己撰写的论文为例展开分析并不是说笔者的观点具有借鉴之处，而是为了说明基于历史中的教育现象我们可以进一步深入思考当

前的社会热点教育话题。

(八)职工子弟第八小学

笔者在田野调查中发现,很多人称本处提到的"Q厂职工第八小学"为"Q厂第八小学",较少言及"职工子弟"几个字。据曾就读于此的职工子弟回忆:"Q厂第八小学办的比较早,发展比较快,为Q厂的建设培养了很多人才。这句话其实你可以换着法写,因为每个子弟学校都为Q厂生产发展培养过人才。"①听罢上述话语,我们很容易陷入到关于"Q厂"与"Q厂第八小学"之间关系远近的思考中。那么,关于为什么会产生这样的叙述以及二者之间关系到底如何的问题,笔者在此不予论述。在后继的研究中,笔者可能尝试进行一些分析。与此同时,我们也期待对Q厂职工子弟教育感兴趣的研究者,一起来揭开这层面纱。

继而言之,因"国企职工子弟学校"一语涉及"国企单位"和"职工子弟学校"两个场域与国企职工子弟之间的关系。所以,"Q厂"与"Q厂第八小学"之间的关系将直接影响到Q厂第八小学的属性。在访谈的过程中,有人曾提示笔者:"Q厂第几小学是一个简称,在没划归到地方之前,其实都叫职工子弟小学。因为学校是厂子的,所以就简化了一下。但是,你要注意有的书里有很多图,那个学校名字直接用的就是Q厂第几小学,那都是简称。"②"每个学校都有简称,都知道你是职工子弟,所以有时候人家就不提职工子弟了,直接说Q厂第几小学或者Q厂几小。"③

还需要提到的是,参考前面的相关分析我们可以认为,Q厂之所以不断发展职工子弟教育,创办多所职工子弟小学,一方面是为了迎合本厂职工子弟学习需要,另一方面则是为了使本厂职工能够全身心投入到生产过程中。于是,Q厂尽力通过职工子弟教育这样的形式加强对其职工子弟的照顾和服务,增强职工对国企单位的归属感与认同感。这一点,中外学界皆有相关论述,笔者也就不再展开叙述了。承前所述,国企单位、国企职工和国企职工子弟之间的关系紧密,唯有处理好三者之间的关系,才能更好地促进国企单位的有序发展。

---

① 来自笔者对曾就读于此的职工子弟访谈。

② 来自笔者对曾就读于此的职工子弟访谈。

③ 来自笔者对曾就读于此的职工子弟访谈。

此外，根据以上国企单位、国企职工和国企职工子弟之间的关系分析，我们还很容易想到一个学术热词叫做"代际关系"。在社会学的视角下，代际关系研究主要关注不同"代"的人如何互动。有学者指出："代际社会学是社会学家研究价值观代际差异的独特视角，是在宏观社会变迁与微观个体生命历程相互作用的框架下，分析代际差异、代际关系和价值观变迁。"[①]那么，国企单位是如何促进国企职工和国企职工子弟之间代际流动的？对此我们很容易想到一个词叫做"顶替接班"。关于顶替接班的问题，笔者在前面已经说的非常多了，在这里再次提到这一话题主要有两方面用意。一是为那些对单位制语境下顶替接班现象感兴趣的研究者提供一个分析视角。二是为了提醒当前的教育研究者要对代际关系给以足够的关注。因为，代际关系越发成为当前教育研究的重要切入点。例如，在《家庭作业批改中的义务矛盾解析——基于场域理论和交往行为理论》一文中，笔者并非仅仅是在解读家长和教师之间的互动关系，更有家长、教师和学生等主体之间的代际互动。细言之，伴随着由于家庭作业批改中的义务矛盾不断进入公众的视野中，相关研究者理应对此做出深刻反思，并想到如何提出一些有效策略。综上可见国企职工子弟教育阶段历程探研给笔者带来的启发。

（九）职工子弟第九小学

关于 Q 厂创办的第九所职工子弟小学[②]，史料记载的内容也不是很多，笔者在田野调查过程中也只遇到几位当年就读于这所学校的学生。根据这些学生的讲述，笔者只能形成这样的认识，即在建校后的发展阶段历程中，职工子弟第九小学不断提高办学条件和水平，受到广泛好评。据他们回忆："第九小学非常好，起点也比较高，教学水平也不错。我们当时上课，老师还带我们做手工、做实验、练字、参加比赛，总之生活很丰富。我那个时候觉得当职工子弟真的很好，能在这样的校园里读书学习很幸运。"[③]"九小和其他学校也没啥区别，就是一个小学而已。在这里面念书的都是 Q 厂的子弟。那个时候上学主要是划片就学，所以我们那块的子弟就都上了九小。现在这个学

---

① 李春玲：《代际社会学：理解中国新生代价值观念和行为模式的独特视角》，《中国青年研究》2020 年第 11 期。

② 为使叙事简洁明了，笔者在下面将用"职工子弟第九小学"进行替代。

③ 来自笔者对曾就读于此的职工子弟访谈。

校没了。"①"九小挺好的，跟其他学校比基本上差不多，就是学校的设备可能更新一点。因为啥呢，它是后成立的学校，80 年代末 90 年代初的时候，Q 厂发展很好，给子弟学校的支持力度也大，我们就跟着沾光了。"②

听完有关主体的讲述，笔者顿感自己小学时的学习环境不如他们。因为，笔者第一次见到多媒体时是 2003 年，那时候笔者上小学三年级，而第一次见到塑胶跑道时是 2010 年，那时候笔者上高中二年级。通过这样的比较不难发现职工子弟第九小学教学条件之好。当然，笔者并不是在这里诉苦，而是想要向大家介绍比较研究方法如何使用。其实，比较研究不仅仅是为了区分出优劣好坏，它还可以让研究者、读者、回忆者等产生一种震撼。上述职工子弟和笔者的话语比较充分说明了这一点。在产生这样的震撼之后，进一步我们就要分析不同环境下的人是如何接受教育的，他们有什么不同，都形成了什么样的经历和记忆……需要指出的是，在分析这些问题时，必须进行更为深入地访谈和学理分析，考虑到这有可能会偏离主题，因此笔者在此不做深入研讨。

从上面有关回忆中我们不难发现，职工子弟第九小学成立较晚、发展的阶段历程较短③。虽然，像这样的学校并没有 1954 年 Q 厂创办的第一所职工子弟小学那样"厚重"的历史。但这样的学校也是 Q 厂跨越新世纪，不断实现转型发展的重要见证。还需要说明的是，职工子弟第九小学在较短的发展阶段历程中取得了一些成绩，详情可参阅相关史料中的记载。质言之，能够取得这些成绩，一方面离不开 Q 厂的大力支持，而另一方面则与 20 世纪 80 年代国家施行的教育方针和政策有关。因为，中共中央曾于 1981 年发布了《关于普及小学教育若干问题的决定》，鼓励国企办学④。对于 Q 厂而言，这是一次非常重要的历史机遇。于是我们就可以认为，整个 20 世纪 80 年代必然成为 Q 厂职工子弟教育快速发展的重要时间段。而通过前面的文献梳理，我们也容易发现在 20 世纪 80 至 90 年代，学界也产生了一批涉及国企职工子弟教

---

① 来自笔者对曾就读于此的职工子弟访谈。

② 来自笔者对曾就读于此的职工子弟访谈。

③ 之所以说发展历程较短，主要是因为自创办到 2000 年间，职工子弟第九小学仅有十余年的历史。

④ 中央教育科学研究所编：《中华人民共和国教育大事记(1949—1982)》，教育科学出版社 1983 年版，第 599 页。

育发展的重要成果。其中，姜润先和金唯忠的论述具有一定的代表性。但是，这些成果所具有的不足是未能将国企职工子弟教育纳入到单位制的语境下进行深入解读。因此，单位制变迁背景下的国企职工子弟教育走向议题，或可成为未来单位制研究及国企职工子弟教育研究的重点。

需要指出的是，将国企职工子弟教育纳入到单位制的语境下进行深入解读有助于拓展单位制研究论域，并形成有中国特色的学术话语。但在研究过程中，有一件事情是一定要避免的，那就是重复史料中的已有叙述。进一步地说，可以对史料展开研究，但要明确把史料中的内容放到了哪一个学科语境下进行分析，这样才能使社会历史和学术研究贯通。从社会学研究角度出发，进一步在单位制语境下对涉及国企职工子弟教育的相关史料、口述史进行分析，有助于我们形成有中国特色的学术话语。这方面内容也不难理解，国内学界对单位制进行的研究中，已经提炼出很多的学术话语。而国企职工子弟教育发展阶段历程分析可以作为一种补充融入到相关研究之中，在充实相关研究的同时，也可以为提炼有中国特色的学术话语作一些微薄的贡献。

（十）职工子弟第十小学

同前面提到的职工子弟第五和第六小学一样，有关 Q 厂职工子弟第十小学[①]的史料也比较匮乏，而这也导致了笔者对职工子弟第十小学的介绍和分析较为有限。从有关主体的回忆来看，Q 厂的职工子弟教育已经向除本厂职工子弟外的其他人员开放校门。例如，曾就读于此的职工子弟如是回忆道："我当时在第十小学读书，班级里有一些同学不是子弟，他们家的房子或者种的地什么的被 Q 厂占用了，然后他们就能来这读书。"[②] "可不是你那样理解的，职工子弟学校里面全是子弟。我们当时学校里面有很多学生不是职工子弟，但是也在职工子弟学校里面读书。我也是听说，这个事不一定真，Q 厂不是发展生产吗，占了这些同学家里的地，所以，他们可以来我们子弟学校读书。"[③]综上我们可以认为，当时的职工子弟学校向除职工子弟外的其他人员开放校门是有一些前提条件的。例如，职工子弟话语中提到的"占地"。也就是说，非职工子弟在进入职工子弟学校就读时，应该与创办职工子弟学校的国

---

① 为使叙事简洁明了，笔者在下面将用"职工子弟第十小学"进行替代。

② 来自笔者对曾就读于此的职工子弟访谈。

③ 来自笔者对曾就读于此的职工子弟访谈。

企单位产生一些必然联系。这样一来,他们也才有更多机会进入到国企单位创办的职工子弟学校中就读。承前所述,非职工子弟进入职工子弟学校就读的有关问题,或可成为后继研究者们深挖的一个点①。比如说,可以深挖当年的职工子弟第十小学招收非职工子弟学生的数量、原因和过程等等。需要提到的是,在访谈过程中,笔者并没有接触到更多职工子弟第十小学的学生,因此也就无法通过具体的记忆叙事进一步深挖相关历史。

应该提到的是,在研究上述问题的过程中需要避免两个问题。一是避免过度引用西方学界的理论对此问题进行解读。一直以来,借助或套用西方社会学理论阐解中国社会现象和问题的研究思路颇受争议。因为西方学者的理论和中国的现实问题之间有一些不同之处。因此,通过田野实践进行扎根理论建构可能要比套用西方学界具有成熟构型的论断更适用于当前国企职工子弟教育问题研究;二是避免仅仅进行经验性的故事堆砌情况出现。这里面有一个悖论是,如果放弃了同西方学界进行对话,过度进行口述史累积很容易导致研究意味弱化。因此,研究者一定要尝试用反思性、批判性和建构性的视域,洞察国企职工子弟教育话题。

(十一)职工子弟第十一小学

从田野调查情况来看,Q厂职工子弟第十一小学②颇具现代化气息。当然,这并不是说其他职工子弟小学不具备现代化气息。而是说,有关主体在访谈中重点提到了第十一职工子弟小学颇具现代化气息。应该看到的是,职工子弟第十一小学之所以能够不断加快现代化发展步伐,除了Q厂的支持外,还与党的十一届三中全会以来,我国经济社会快速发展直接相关③。

正是在这样的时代背景下,Q厂职工子弟第十一小学不断取得一些重要的教学成果,并为Q厂发展和社会发展培养了众多人才。据曾就读于此的职工子弟回忆:"第十一小学是 1987 年成立的,我那个时候刚上一年级。学校很现代化,我觉得可以说是当时 J 省最现代化的学校了。有微机室、实验室

---

① 笔者在访谈过程中,曾听到这样的话语:"不是 Q 厂子弟的可以按居住地址就近上学,但不能享受免除学杂费待遇,因为社会学校的经费是政府提供,子弟学校的经费都是 Q 厂支付的。"(来自职工子弟的访谈)由这段话可以发现,Q 厂这样国企单位创办的职工子弟学校招生情况值得研究。

② 为使叙事简洁明了,笔者在下面将用"职工子弟第十一小学"进行替代。

③ 《中国教育年鉴》编辑部编:《中国教育年鉴(1949—1981)》,中国大百科全书出版社 1984 年版,第 138-139 页。

还有专门练习唱歌的教室。在这样的氛围熏陶下，大家学的很努力，成绩也在 C 市的前列。学生考上好初中、好高中、好大学的太多了，不少最后都回到了 Q 厂，成了 Q 厂的职工。"[①]"我们当时每个班级都配备了幻灯机啥的，那个时候上课感觉很有面子。"[②]"第十一小学成立的本身就晚，那个时候 Q 厂发展非常快速，都快进行市场化改革变成集团了，所以支持的资金比较充足。教学楼盖的很气派，功能也很完善。我们毕业那一年，很多同学考上了重点高中……那个时候 Q 厂第十一小学的名气很大。"[③]

话语是记忆的重要载体。有关主体的回忆和言说使我们大致明白了职工子弟第十一小学的现代化境况。细言之，该校的教学设备先进，当时职工子弟第十一小学的硬件水平已经是班班配备了幻灯机，还有微机室、实验室还有专门练习唱歌的教室……这些硬件设施是当时很多学校所不能比拟的。有了这些现代化的物质条件和高水平教师支撑，职工子弟第十一小学也日益驶入了发展的快车道。此外，职工子弟第十一小学能够迅速建立并实现快速发展，还与 Q 厂的发展状态直接相关。这启示我们在解析职工子弟第十一小学的同时，也应该同时解析 Q 厂这一国企单位及单位制的发展问题。如此一来，我们也才能更好地理解社会发展过程中的国企单位、国企职工子弟学校、国企职工子弟和国企职工等多元场域和主体之间的关系。当然，囿于篇幅所限，笔者对此不再赘述了。

进一步而言，我们需要想到如何对涉及学校现代化发展的问题进行解构。因为职工子弟口述的"现代化"为我们提供了这样一种预设：职工子弟第十一小学是现代化的，它的发展具有光明前景。可是，面对已然消沉于历史之中的现代化学校，我们该作何反思，又该如何行动？在笔者看来，过去并不代表彻底消失或消亡，更不代表无意义。应该找到职工子弟第十一小学本体形成新的描述，并且，在与职工子弟描述的职工子弟第十一小学比较中理解现代化变迁状态，从而不断对学校的现代化发展问题形成新理解。因此，笔者接下来要做的工作就不应该是继续去寻找相关史料了，而是应该走到田野之中，一是寻访当年的子弟学校学生，二是研究发生变迁后的职工子弟第十一

---

① 　来自笔者对曾就读于此的职工子弟访谈。

② 　来自笔者对曾就读于此的职工子弟访谈。

③ 　来自笔者对曾就读于此的职工子弟访谈。

小学状态。实际上，把不同职工子弟学校放在一起进行比较是一种研究视角，比较一个职工子弟学校不同历史时期也是一种研究视角。但现在的问题是，必须还原历史之中的那个职工子弟学校的状态，同时根据田野调查，找到当前这个学校，也就是曾经的职工子弟学校的现在发展状态才能进行对比。而在对比过程中，不能仅仅关注到学校场域本身发生的变化，要关注到场域内部的教学发展、学生发展、教师发展等涉及到教育发展方面的内容。这样一来，相关话题将进一步得到深化，学理性也有可能大大增加。

(十二)职工子弟第十二小学

1989年[1]，Q厂创办了Q厂职工子弟第十二小学[2]。据曾就读于此的职工子弟回忆："十二小学是1989年创办的，校史不是很长，和其他小学相比也没啥区别。可能就是归Q厂管，属于厂办学校。我对学校的了解也就是这些，再有就是平常的一些学习上的事了。"[3]"当时学校的教育教学水平很不错，老师当时在课上让我们自主学习，养成独立的学习习惯，这是我印象最深的。再说了，小学的记忆其实最主要的是学知识啥的，其他方面的记忆很少。"[4]哈布瓦赫曾强调站在他人的位置上理解相关记忆的重要性[5]。按此说法，我们应该将自己置于有关主体的位置，体会其话语之深意。但是，我们由于没有与他们同样的人生经历[6]，尤其是没有亲历过他们学习和生活的场域，故而很难对他们的话语产生深刻理解。因此，笔者也只能综合相关史料和回忆去了解职工子弟第十二小学自1989年创办到2000年间的发展阶段历程和取得的一些成绩。需要指出的是，通过职工子弟的回忆可以看出职工子弟第十二小学的特殊性在于，它是20世纪90年代前Q厂创办的最后一所职工子弟小学。

承前所述，职工子弟第十二小学成立较晚且史料中对于职工子弟第十二小学的记述可谓是寥若晨星。所以，在实际研究中，我们也只能把职工子弟

---

① 除了后面的访谈资料外，史料中也有相关记载。

② 为使叙事简洁明了，笔者在下面将用"职工子弟第十二小学"进行替代。

③ 来自笔者对曾就读于此的职工子弟访谈。

④ 来自笔者对曾就读于此的职工子弟访谈。

⑤ [法]莫里斯·哈布瓦赫：《论集体记忆》，毕然、郭金华译，上海人民出版社2002年版，第93页。

⑥ 对笔者来说，体会职工子弟的经历是非常困难的。因为笔者在前面曾做过比较，不难看出笔者与他们之间的差距，这也导致笔者无法深入理解其话语与记忆。

第十二小学作为理解国企职工子弟教育发展阶段历程的一块重要拼图①。而有关职工子弟第十二小学的发展问题，也只能依靠更为详实的史料或口述史方能进行解读。当然，本书无法基于有限的篇幅和有限的史料，对其发展问题展开分析。此外，还需要提到的是，借助口述史研究方法收集研究访谈资料具有一定的可行性。因为按照笔者的估计，最早一批就读于职工子弟第十二小学的职工子弟约为 1981 年前后出生，眼下正值不惑之年。但是，如何寻访到这一群体较为困难，主要因为我们无法掌握到他们毕业后的去向资料，故而只能尝试通过滚雪球的方式进行资料收集。细言之，滚雪球抽样法是一种非常重要的资料收集方法，在社会学研究中得到了广泛的应用。关于滚雪球抽样的概念和应用方法，笔者不再过多介绍，有对此不解的读者可以参阅社会学研究方法类的著作。

　　需要说明的是，为何只能通过滚雪球的方式进行资料收集？笔者认为主要原因在于这些处于不惑之年的职工子弟正奋斗在各个岗位上、居住在各个地方，并不集中。因此，只能寻访到一位相关人员后，才有结识更多相关人员的可能性。当然，笔者尚未对此进行过专门的调研，所以不能用具体的案例现身说法。但笔者可以通过介绍收集就读于 Q 厂职工子弟中学学生口述史的过程，叙说滚雪球抽样法是如何在 Q 厂职工子弟群体研究中得到具体应用的。2018 年，笔者进入职工子弟相对集中的场域后，随即展开了大海捞针似的寻访工作。功夫不负有心人，几天后，笔者遇到了一位职工子弟，后经他的介绍，笔者又寻访到了他的同学，以此类推，笔者接触到了很多相关人员。实际上，很多经验之间都是相通的。因此说，笔者收集就读于 Q 厂职工子弟中学学生口述史的过程也同样适用于其他职工子弟群体的口述史收集。继而言之，在进行滚雪球抽样的过程中，我们需要深思两点：第一，作为"非局中人"如何寻找到"第一粒雪花"？第二，如何从"一粒雪花"逐渐形成一个可研究的"雪球"。当然，我们不能盲目认为雪球越大越好，应该根据研究问题、研

---

　　①　需要指出的是，每一个职工子弟学校都是理解 Q 厂职工子弟教育发展的拼图，可把每一个学校的校史弄清楚是不可能的。因为在田野调查过程中，尤其是在访谈的过程中笔者发现职工子弟的回忆都是一些片段。而且，他们也没有自觉回忆有关事件的意愿。因此，很难深入了解各个职工子弟学校的历史面貌。可能有人会问，那就通过史书去了解各个职工子弟学校的历史面貌啊？其实，这样做也是有风险的。因为，很多史书中的记述并不完整。在研究过程中，这种不完整的记述已经成为我们反思的一个重要切入点，而非研究的切入点。

究对象特点和自身条件等综合预判雪花的数量。这一点笔者亦有深刻体会。2018 年，笔者在田野调查过程中发现一位职工子弟，他向笔者系统讲述了 Q 厂职工子弟教育的大致经过。而像这样万能的"雪花"，一片足矣！

　　笔者在前面还提到，方法是社会学研究的一大重器。在资料收集过程中，除了一些具体的方法技术外，还必须注意的是如何同那些被调查者发生与形成互动。发生互动与形成互动不同，发生互动是建构关系，而形成互动是产生联系。因此，为了获得丰富的资料，研究者必须在调研过程中实现从发生互动到形成互动的关系转变。关于如何实现上述目标，社会学研究方法类著作中已有涉及，笔者在此不再赘述了。下面笔者将通过自己的调研案例，进行具体分析。2018 年，笔者来到了 JC 公园进行田野调查，偶然听到有人在聊关于 Q 厂的事情，于是便凑了过去。走近一看，人群中一位大爷正给大家讲述当年在某职工子弟小学的经过，于是笔者十分好奇地提了几个问题。就是这样几个问题，拉进了笔者和他之间的联系，同时让他对笔者产生了兴趣，愈加期待笔者的提问。后来，随着问题不断聚焦，大爷的讲述也越发清晰，并开始与笔者互动，使笔者听到了很多关于 Q 厂的职工子弟学校如何如何好的讲述。由此笔者形成了一条访谈经验是，一定要先围绕被调查者感兴趣的话题与之建构关系，再围绕调查者关注的话题与其产生联系。如果被调查者感兴趣的话题和调查者关注的话题有交集，那么很容易使研究者与被调查之间形成互动。因此说，田野调查过程能否顺利推进，一方面需要研究者是否有良好的发问技术，另一方面则需要考虑到被调查者是否有互动沟通的强烈意愿。其中，后者可以由前者直接引发。

（十三）职工子弟第十三小学

　　根据下面的口述史我们可以了解到，进入 20 世纪 90 年代，Q 厂又相继建立了两所职工子弟小学。其一是"Q 厂第十三小学"[①]，其二是"Q 厂第十四小学"。接下来，笔者将基于相关口述史，对职工子弟第十三小学的发展阶段历程进行简要分析。而关于"Q 厂第十四小学"的发展阶段历程，笔者将在随后的小节中进行介绍和分析。

　　一些碎片化的回忆有助于我们对历史进行重构。据曾就读于此的职工子弟回忆："我念书的第十三小学是 90 年代办的，非常现代化，有微机室、电

---

　　① 为使叙事简洁明了，笔者在下面将用"职工子弟第十三小学"进行替代。

教室和录音室。那个时候上微机课感觉最好了，老师在'大脑袋'电脑面前给我们讲课，我们眼睛都不敢眨一下，就那么好奇。"①"我们上课的时候，有很多先进的教学设备，那个时候我们学习的热情很高。"②"我们学校硬件没的说，像电脑、彩电、录音室，这就是子弟学校的优势吧。"③"学校挺现代化的，和Q厂各个子弟小学也都差不多。"④"现代化"是这四段记忆叙事中的高频语词。其实，职工子弟所说的现代化，更多的是指教学环境中的硬件现代化。可在笔者听完他们的讲述之后形成的认识是，职工子弟第十三小学之内的主体和要素全部都是现代化的。因为教师是在现代化的场域中教书，职工子弟接受的是现代化教育，所以他们必然逐渐成为现代化的人。由此可见到场域的现代化对于人的现代化所具有的影响。实际上，场域的现代化和人的现代化之间是相互促进的。具体来说，职工子弟一再提到"现代化"这个词，说明当时学校的现代化教育教学条件对他们影响很大，这是非常值得我们深入思考的一个切入点。深入思考什么？首先，深入思考学校现代化是如何影响到职工子弟现代化观念形成的，继而深入思考场域现代化对个体现代化发展的影响。其次，还要用一些辩证思维回想一下个体的现代化发展又是如何促进场域现代化发展变迁的。笔者认为这个问题不仅仅要关注职工子弟现代化对学校现代化发展的影响，还应该关注到职工子弟学校教师在不断增进现代化意识和能力的过程中，是如何通过培养职工子弟的现代化意识和能力，进而促进职工子弟学校以及国企职工子弟教育现代化发展的。

还需要指出的是，前面在介绍一些职工子弟小学的时候，笔者并未刻意提到"职工子弟"这几个字。因为有关主体就是这样言说的。我们由此可以形成的猜测是，随着单位制逐渐被市场经济体制所取代，很多国企对其附属的职工子弟学校顺时进行了调整。姜润先、金唯忠、路风、田毅鹏等学者曾有过相关论述。Q厂作为"典型单位制"⑤企业，自然也要对那些与企业经济生产关系甚微的职工子弟学校进行改革。这样一来，很多非职工子弟也才有了更多机会进入到Q厂这样的国企单位创办的职工子弟学校中就读。

① 来自笔者对曾就读于此的职工子弟访谈。
② 来自笔者对曾就读于此的职工子弟访谈。
③ 来自笔者对曾就读于此的职工子弟访谈。
④ 来自笔者对曾就读于此的职工子弟访谈。
⑤ 田毅鹏：《"典型单位制"的起源和形成》，《吉林大学社会科学学报》2007年第4期。

再来说一说关于职工子弟第十三小学"现代化"的问题。其实，职工子弟几乎都曾提到过其所就读的职工子弟现代化情况。实际上，职工子弟学校的现代化程度与Q厂具有直接的相关性。与其他几所学校所不同的是，职工子弟第十三小学这样的学校有着较高的现代化起点——因为它创办于20世纪90年代。因此，无论是Q厂的经济收益增加，还是单位制变迁，都将直接影响到职工子弟第十三小学的现代化发展程度。综上可见，虽然成立的时间较晚，但是职工子弟第十三小学还是取得了非常丰硕的发展成果。我们由此可以想到的是，在国家引导和企业支持的前提条件下发展教育的优势，而这些都可以为新时代国企办学提供具体的参考经验。尤其是能引发社会各界形成关于学校现代化发展与学生现代化关系反思[1]。

前面对什么是反思以及如何进行反思有过一个大致的交代。接下来，笔者将具体谈到如何进行有关学生现代化和社会化发展的反思问题。由于中外学界对于如何促进人的现代化以及社会化发展问题已经有所阐释，基于此，笔者将聚焦于促进学生现代化和社会化发展过程方面的问题。上面的口述史料中提到了很多现代化的硬件设施，这些硬件设施使职工子弟直接接触到了现代化的因子，从而加深了他们对现代社会的理解，这其实就是一种社会融入，是社会化。那么，上述过程是如何实现的？一方面可以认为是职工子弟接触到了现代化的教学设施后，形成了一种现代意识；另一方面则可以认为是教师通过将现代知识和技术传递给学生后，使其形成了一定的前沿意识，并对社会产生了新的理解。我们可以想到的是，即便当时Q厂职工子弟学校有电脑这样的现代化设施，但是学生却不是人人都会使用电脑，需要教师来教。因此，学生的现代意识形成必然是受到了教师的影响。正是受到了这样的启发，笔者才在此提出应该加强教师的接受现代化知识和技术的能力，因为他们对学生的现代化和社会化发展具有直接影响，而这也是新时代国企在办学过程中可以借鉴的育人经验。

(十四)职工子弟第十四小学

1996年，伴随着Q厂的不断发展，Q厂职工子弟第十四小学应运而生。基于相关访谈资料以及有关文献记述[2]我们能够发现，职工子弟第十四小学是

---

[1]　对此方面的详细论点，可以参考"回忆与研究展望"部分中笔者提到的一些观点。

[2]　除了后面的访谈资料外，史料中也有相关记载。

2000 年之前 Q 厂创办的最后一所职工子弟小学。据曾就读于此的职工子弟回忆："我知道的其实也就是那么些事，别的也没啥说的，对你的研究可能没有什么用。就是第十四小学是 Q 厂在 1996 年的时候创办的学校，年头不长，后来的时候从 Q 厂分出去了，直到 2000 年之前吧，Q 厂就再没办过子弟小学了。"[①] "Q 厂第十四小学是 Q 厂创办的最后一所小学，我如果没记错的话。这所小学后来应该归地方教育局了。"[②] 其实，职工子弟的口述史，是我们了解国企职工子弟教育发展史的重要材料。可职工子弟在叙说这段历史的时候兴致不是很高，因此，给我们带来的启示是有限的。

　　总的来说因为各方资料的限制，笔者对于职工子弟第十四小学的介绍和分析相对薄弱一些。由此我们也能形成这样的认识，即具有长时段历史的职工子弟学校更具有研究意味，因为它不仅承载了国企职工子弟教育的形成、发展和变迁，同时也给社会学研究者通过考察国企职工子弟学校校史以对单位制形成新理解提供了重要的切入点。当然，考察校史不是基于一个纵向的线性时间梳理一个时间段内学校发生的事件，而是要考察学校场域的发展与社会发展之间的关系以及学校场域发展给职工子弟的现代化和社会化发展带来的影响。具体来说，除了现代化之外，还要关注到人的社会化发展。社会化是社会学研究中高频使用的术语[③]。实际上，国企创办的职工子弟学校不仅仅是一个学习场域，它也是一个非常重要的社会化场域。因为，职工子弟在这里不仅学到了知识和技能，同时也对社会形成了一定的理解和认识。当然，关于他们是如何对社会形成理解和认识的，笔者认为有必要深挖国企职工子弟的口述史，回看当年国企创办的职工子弟学校，有没有引导他们进行过一些社会实践。此外，现代化的知识和技术传授也会给职工子弟的社会化发展带来一些影响，这也是需要注意的。

　　以上笔者通过相关文献史料，从纵向的时间维度出发简要介绍了 Q 厂职工子弟小学的发展阶段历程。由最开始的"职工子弟第一小学"到"职工子弟第十四小学"，足以让我们看到 Q 厂职工子弟小学教育的发展状态。虽然，这种

---

① 来自笔者对曾就读于此的职工子弟访谈。

② 来自笔者对曾就读于此的职工子弟访谈。

③ ［英］安东尼·吉登斯、［英］菲利普·萨顿著：《社会学基本概念（第二版）》，王修晓译，北京大学出版社 2019 年版，第 185—189 页。

发展是阶段性的。但是，这些历史素材足以支撑我们在发展社会学的视角下，围绕国企职工子弟教育发展阶段历程进行深刻反思。此外，还需要指出的是，职工子弟学校之所以能够促进职工子弟形成各种各样的记忆，主要是因为涉及到了国企职工子弟这样一种身份。从前面的史料和访谈中能够看出，Q 厂职工子弟作为"间接单位人"可以享受到职工子弟教育这样的单位福利。而从职工子弟小学毕业后，有的人可以优先进入到在当时较为现代化的单位中工作，这也会使部分 Q 厂职工子弟因为这样一种符号性身份，和在职工子弟学校就读的便利及福利产生一些深刻的记忆。那么，为什么笔者又要引用哈布瓦赫等学者的观点，解析上述 Q 厂职工子弟的记忆呢？主要是因为上面记忆叙事中的具体事件，是当时国企职工子弟群体普遍具有的经历、便利及福利；二是因为职工子弟教育满足了 Q 厂职工子弟学习知识的渴望。如此一来，Q 厂职工子弟们不但有了在教室内学习的机会，还将获得进入 Q 厂这样现代化的国企中参观学习的机会。于是，他们就会把职工子弟教育过程中涉及到的一些具体事件写进自己的记忆之中。

三、职工子弟特殊教育的发展概况

特殊教育方面的实践经验总结一直受到社会各界的重视。1986 年颁布的《中华人民共和国义务教育法》第九条曾有相关规定[①]。2018 年新修订的《中华人民共和国义务教育法》更是对如何开展特殊教育做出了明确规定[②]。

关于 Q 厂职工子弟教育中的特殊教育情况，相关史料介绍的已经很详细了。由于笔者在田野调查过程中，没能寻访到相关人员，因此，笔者只能通过其他职工子弟的话语对这方面内容加以补充了。据有关主体回忆："当时是有特殊教育的，但是不那么叫，什么名我也想不起来了。大概是八九十年代创办的吧，挺早的。"[③]从单位制时期国企单位的作用出发，我们能够形成的认识是，国企单位创办特殊教育的主要目的在于使一些特殊儿童受到照顾的同时，完善了职工子弟教育体系。与此同时，学者们一再提到的计划经济时期

---

① 《中华人民共和国义务教育法》，《人民教育》1986 年第 5 期。

② 2018 年新修订的《中华人民共和国义务教育法》第十九条明确规定："特殊教育学校（班）应当具备适应残疾儿童、少年学习、康复、生活特点的场所和设施"（信息来源：http://www.gov.cn/guoqing/2021-10/29/content_5647617.htm）。

③ 来自笔者对曾就读于此的职工子弟访谈。

的单位制企业是一个"小社会"的观点①也再次得到了验证。其实，这种"小社会"一方面把"单位人"和"间接单位人"都囊括进了单位制社会的社会管理体系之中，另一方面则不断通过职工子弟小学、职工子弟中学、特殊学校这样的场域，扩大对"单位人"和"间接单位人"的影响力。而这不但给职工子弟创造了良好的学习机会，同时也给国企单位能够及时注入新鲜血液埋下了伏笔。因为，很多职工子弟得以在毕业后通过"顶替接班"这样一种制度以及国企招工的形式，回流到国企单位中②。如此一来，不但满足了部分职工子弟就业需求，同时也促进了企业的生产发展以及单位制的稳固。

承前所述，国企单位在发挥其社会管理方面的功能时，除依靠那些硬性的规章制度外，还通过情感治理方式，加强职工与国企单位之间的联系。例如，上面曾提到的特殊教育就是重要的例证。因为，国企创办特殊教育后，不仅给一些特殊儿童提供了学习、成长与发展的良好机会，同时也缓解了很多职工的压力，使他们能够全身心地投入到工作和其他生活事务中。如此一来，国企职工很容易对国企单位产生更为强烈的归属感。由此可见，国企职工子弟教育在增进国企职工与国企单位之间关系中扮演的重要角色。与此同时，我们还可以看到国企单位这一纽带是如何衔接计划经济时期国家和个人之间关系的。这也提醒着后继单位制的研究者们，从情感和制度的双重视域出发透视单位制时期国企职工子弟教育中的具体现象，对于加深中国社会现代化历程的理解以及促进我国哲学社会科学发展③等具有十分重要的意义。

围绕社会学、特殊教育和 Q 厂职工子弟教育笔者想在此再说几句赘余的话。社会学的研究者经常要用双脚丈量田野，因此需要有很好的脚力。笔者在田野调查过程中，曾多次尝试寻找到当年 Q 厂创办的特殊学校，但未能如愿。因为笔者并非是本地人，更与 Q 厂毫无瓜葛，于是，只能通过相关主体的回忆和言说以及一些史料了解 Q 厂特殊教育简况，却无法深入地知晓当年特殊学校中发生的故事。需要指出的是，一些史料中出现了关于 Q 厂特殊教育发展方面的回忆性文章，囿于篇幅所限笔者并未引述，更未对此展开分析。

---

①　[日]田中重好、徐向东：《单位制与中国社会——改革开放前的中国社会结构》，郑南译，载田毅鹏等著：《重回单位研究：中外单位研究回视与展望》，社会科学文献出版社 2015 年版，第 47 页

②　田毅鹏、李珮瑶：《国企家族化与单位组织的二元化变迁》，《社会科学》2016 年第 8 期。

③　田毅鹏：《"单位研究"70 年》，《社会科学战线》2021 年第 2 期。

在笔者看来，走进田野获取一手的文献素材更益于我们重建过去。之所以这样说，主要是因为笔者曾接触过特殊教育。细言之，2014年，笔者曾深入到位于我国西北地区的一个儿童福利院，在那里我第一次见到了特殊教育，拓展了我的社会认知。因此在看到或者听说Q厂特殊教育时，笔者有了一种莫名的亲切感。可到目前为止笔者尚未形成关于如何研究特殊教育的方案，而这也是有待在后续的田野调查和研究中加以深化的。

小结

在本章中，笔者一方面介绍了Q厂各职工子弟小学的发展历程简况。诚然，受制于史料不足和职工子弟学校隶属关系几经变化等因素的影响，我们暂时无法详细地了解"1954—2000"年间Q厂各职工子弟小学发展变化的详细情况。但是，上面的介绍和分析已然能使我们初步看到Q厂各职工子弟小学走过的一段路。笔者认为，将Q厂各职工子弟小学的发展阶段历程呈现于公众视野之中，对于人们了解Q厂职工子弟教育发展情况和溯源国企办学历程是有意义的。另一方面提到了单位制语境下的国企办学问题。细言之，需要将Q厂各职工子弟小学创办与发展方面话题限定在一个研究框架之中，方能凸显出国企职工子弟教育研究的学术意义。当然，笔者在本章中只是提到了与Q厂各职工子弟小学有关的单位制研究框架，却没有完全将之限定到这个框架之中，这也是在后续研究中需要深化的问题。此外，还需要强调的是在考察国企职工子弟教育方面的问题时，不能只是依托教育学、社会学或历史学等单一学科的知识体系，应该在综合教育学、社会学和历史学等学科有关知识的基础上，反观学科理论建构和发展方面的问题，从而促进新时代有中国特色的哲学社会科学新发展。

第三章　职工子弟中学的创建与发展

从各级教育之间的关系来看，中等教育应为初等教育的继续。当前，我国中等教育主要分为"初级中等教育和高级中等教育两个阶段"①，其中，初级中学和高级中学是发展中等教育的重要场域依托。一般而言，中等教育阶段是青少年学习文化知识，树立正确世界观、人生观和价值观的关键阶段②，可见中等教育在整体教育发展中的重要性。从国企创办的职工子弟教育方面来看，单位制时期国企创办的职工子弟中学③是考察国企职工子弟教育发展阶段历程的重要切入点。这不仅仅是因为国企创办的职工子弟中学在职工子弟小学基础上，进一步发展了国企职工子弟教育，更因为涉及职工子弟中学发展的经验能够为当前中学建设和发展以及相关学术研究开展提供一定的参考和借鉴。基于此，本章接下来将重点介绍和分析职工子弟中学创建的历史背景以及职工子弟中学发展的阶段历程。

一、职工子弟中学创建的历史背景

考察职工子弟中学创建的历史背景这类具有历史意味的话题时，总要提到相关事件的历史背景。其实，历史背景仿佛一块幕布，揭开它之后，我们很容易了解到事件是如何在当时情境下形成的。而在梳理与 Q 厂创办职工子弟中学有关的历史背景时，笔者感到些许困惑。因为从学术研究角度来看，

---

① 《我国的学校教育制度分为哪几个阶段？》，中国人大网：http://www.npc.gov.cn/zgrdw/npc/flsyywd/flwd/2000-12/17/content_13561.htm。

② 皇甫立同：《加紧寻求美育良方》，人民网：http://edu.people.com.cn/n1/2019/0310/c1006-30967529.html。

③ 为使叙事简洁明了，笔者将在下面用"职工子弟中学"替代"国企职工子弟中学"。

进行这方面的梳理和分析时，多少要提到一些带有研究意味的历史，也就是研究者曾经发表过的相关著述。可是这方面的资料非常少，继而突出了本书写作的一点创新之处。同时，这一创新之处又是非常具体的研究难点。于是，笔者也只能凭借自己有限的研究能力，进行相关历史背景建构，因此下面的一些分析有不尽完整之处，恳请各位专家学者批评。

与职工子弟小学创办时的情况一样，Q厂创办职工子弟中学也主要与Q厂自身发展需要以及国家教育方针和政策的导向有关。细言之，Q厂发展需要，一方面是Q厂对有一定知识和技术水平的人才存在需要，另一方面则是Q厂对进一步发展职工子弟教育存在一定的需要。这一点，我们可以从前面有关"C市第十六中学"介绍中看出。接下来，笔者将在本节中重点阐述Q厂创办职工子弟中学创建的历史背景[①]。

中等教育一直是我国教育发展的重点领域。通过《中华人民共和国教育大事记（1949—1982）》中的记述可以了解到，新中国成立之初，国家大力发展中等教育主要是为了把工农干部及其子女培养成知识分子[②]，这直接给Q厂职工子弟进入中学阶段学习创造了契机。随着中学教育向工农及其子女敞开大门，工农不但接受到了社会主义教育，其子女也获得了中等教育机会[③]，由此可见国家对工农子女受教育问题的重视程度。更进一步地说，国家是支持并鼓励Q厂职工子弟进入中学学习的。

从学术研究的角度来看，考察国企创办职工子弟中学的历史背景时，要在"国家—单位"这一分析框架下进行，这是因为国企各职工子弟中学是按照国家的教育方针和政策创办的。具体来说，1951年，教育部在北京召开了"第一次全国中等教育会议"，讨论了中等教育的方针、任务等问题，为当时中等教育发展指明了道路[④]。此外，《人民日报》在1951年刊发的社论中也曾明确

---

① 需要指出的是，笔者主要通过职工子弟中学发展概况进一步分析了Q厂职工子弟中学教育发展的有关问题。

② 《中国教育年鉴》编辑部编：《中国教育年鉴（1949—1981）》，中国大百科全书出版社1984年版，第148页。

③ 《中国教育年鉴》编辑部编：《中国教育年鉴（1949—1981）》，中国大百科全书出版社1984年版，第148页。

④ 中央教育科学研究所编：《中华人民共和国教育大事记（1949—1982）》，教育科学出版社1983年版，第38页。

提道："中等教育在培养干部的事业中是一个极其重要的环节，它对我们国家的经济、国防和文化建设有极大的作用。"①可以说，国家关于发展中等教育方面的指示使有能力和有需要开办中学的国企单位明确了办学思路。在上一章中笔者曾提及过，因为当年职工子弟们小学毕业后需要升学，而当时的 Q 厂还没有中学。于是，Q 厂在创办的第一所职工子弟小学里面附设了初中班，后来又成立了"C 市第十六中学"解决此事②。这即是说，国家教育方针和政策的指导、Q 厂建设和发展的需要以及 Q 厂职工子弟自身的需要等方面因素，共同加快了 Q 厂的职工子弟中学创建步伐。

相比于前面提到的职工子弟小学，笔者对于 Q 厂的职工子弟中学了解可能略多一些。因为笔者在撰写博士学位论文的过程中，主要通过文献研究法、实地调查法、访谈法等对 Q 厂的职工子弟中学学生群体进行了研究。通过他们的口述史以及相关文史资料，笔者大致了解到了 Q 厂的职工子弟中学发展阶段历程。需要提到的是，由于相关史料记载有限，因此笔者只能将更多的精力放在 Q 厂职工子弟的口述史上。

其实，收集口述史是我们了解历史、走近历史和融入历史的一个重要方式。但前面同时又提到，口述史来自于个体的回忆和言说，因此不可避免地掺杂个体的主观情感。有学者指出："口述史研究中一直存在着个体经验是否具有信度的争议。"③这一点，笔者在田野调查过程中也深刻感受到了。比如说，围绕同一个问题，职工子弟们却给出了不同的答案，使笔者反思到如何有信度地对相关口述史料进行收集、整理和分析。需要指出的是，由于笔者没有与职工子弟相同或相近的人生经历，更没具有判断力的史料进行支撑，所以，笔者在写作过程中也无可避免地掺杂进了一些个人情感④。当然，这种情感并不是一种选择偏好，即听信一个职工子弟的回忆和言说，否认另一个职工子弟的回忆和言说，而是综合不同职工子弟的回忆和言说进行历史建构。到此有人可能会反问笔者，当你遇到职工子弟表述不一致情况时是如何处理

---

①　《应该重视和办好中等教育》，《人民日报》1951 年 4 月 5 日第 1 版。

②　除了后面的访谈资料外，史料中也有相关记载。

③　周海燕：《个体经验如何进入"大写的历史"：口述史研究的效度及其分析框架》，《中央民族大学学报（哲学社会科学版）》2021 年第 6 期。

④　这里所谓的"个人情感"主要是指对职工子弟的口述史进行一些主观分析。当然，从后面的分析来看，笔者的"个人情感"是有限度的。

的？一言以蔽之，进行某些主观分析。笔者之所以这样做，主要是因为本书的重心并不是梳理 Q 厂各职工子弟中学的详细历史，有关这方面的观点大家可以参考前面笔者的叙述。继而言之，不同学科领域内的学者有不同的选择倾向。面对历史问题，有非历史学研究领域的学者也喜欢把时间和事件描述得非常清楚。当然，把时间和事件描述清楚意义非凡，可那是基于丰富史料才能做到的事情。本书与之相比，就逊色多了。因此，笔者只能努力向相关学者看齐，尽可能地围绕 Q 厂各职工子弟中学发展史建构一些学术话题。

在"国家—单位"这一分析框架下，笔者尝试把相关史料进行了勾连。这样做的主要目的是为了能够把国企职工子弟中学发展史方面的话题嵌入到国家教育发展史中进行解构。当然，笔者的整理和分析能力十分有限，加之相关史料不足，因而未能对上述背景进行深刻剖析，这不免是一种研究缺憾。可这也给笔者未来进行相关研究提供了一些思路。例如，如何收集到国企职工子弟教育方面的详细史料，以深入理解国家和单位之间的关系。需要指出的是，除了要理解国家和单位之间的关系外，研究过程中还应对国家、单位和个人之间的关系进行建构和分析。从学科视角来看，社会学、政治学、历史学都可以进行这样的分析，这一点，前面文献综述中已经提到。具体从社会学研究视角出发，我们应该想到的是如何关注国家发展、单位发展以及有关主体①发展的问题，而这无意间进入到了行动者和场域之间的动态关系分析中。细言之，一是需要重点关注行动者是如何促进相关场域发展的，相关场域又是如何对个体行动进行塑造的。二是需要重点关注行动者与场域间关系的分析有何学术意义和现实意义。

综上所述，考察单位制时期国企创办职工子弟中学的历史背景，对于我们进一步分析 Q 创办的各职工子弟中学、Q 厂和社会发展之间的关系非常重要。尤其是在单位制语境下，我们将进一步明确国企创办职工子弟中学的价值与意义，而这些都能为我国当前教育事业发展，提供一些参考和借鉴。进一步地说，不能因国企创办的职工子弟中学伴随单位制解体而退出历史舞台便忽视有关研究。应该意识到的是，历史要经过反思才能给社会发展带来一些重要启迪。

---

① 有关主体主要包括国企职工子弟、国企职工子弟学校教师和国企职工子弟学校校长等。

二、职工子弟中学发展的阶段历程

通过相关史料以及职工子弟的回忆我们可以看到，自 1957 年起至 2000 年止，Q 厂共创办了 13 所职工子弟中学[①]。这一数量要少于前面提到的 14 所职工子弟小学。需要指出的是，Q 厂各职工子弟中学在 Q 厂建设和发展过程中发挥了十分重要的作用，尤其为 Q 厂的建设和发展培养了具有一定知识和技术的人才。因此，笔者把 Q 厂各职工子弟中学的历史状态视为考察国企职工子弟教育阶段历程的重要依托。

总的来说，笔者根据相关史料和职工子弟的口述史，将 Q 厂职工子弟中学教育划分为职工子弟中学初创阶段、职工子弟中学缓慢发展阶段、职工子弟中学继续发展阶段和职工子弟中学不断发展阶段等几个专题，并把 Q 厂在不同历史时期创办职工子弟中学纳入到相关专题中进行了一些学理分析[②]。而这样做主要的目的是为了区分纯粹的国企职工子弟教育发展史和国企职工子弟教育阶段历程探研之间的区别。前面笔者曾提到过从社会学视角出发反思历史的重要性。但从社会学视角出发进行反思并不意味着要把历史事件全然介绍清楚，而要把历史当成一个被考察、分析和反思的对象。因此，围绕 Q 厂创办的各职工子弟中学建构一些带有研究意味的选题更加重要。需要注意的是，所建构的那些带有研究意味的选题既不能超越社会学研究领域，也不能无限摆脱那些赐予我们灵感的职工子弟中学的简要历史。二是为了进行促进社会发展方面的经验累积。虽然，Q 厂在不同历史时期创办的职工子弟中学各有其特色，但也有趋同的一面。比如说，都促进了我国教育事业的发展、都为国企尤其是 Q 厂发展培养了人才、都加强对"间接单位人"的管理等等。总的来说，这些行动都促进了社会发展。正是基于这一点，笔者才在细化几个专题的过程中重点提到了"发展"一语。承前所述，总结带有发展之意的历史经验才是笔者所要追求的一个研究目标。

---

① 需要指出的是，本书并未对 Q 厂全部职工子弟中学进行介绍和分析。因为有一些学校属于"跨地办学"，很多资料尤其是职工子弟的访谈资料无法收集到。所以，本书内容有不完整之处，还请大家见谅！而对此感兴趣的读者可以阅读相关史料。

② 以上专题划分是笔者分析后形成的，如有不妥之处，还请大家见谅！

（一）职工子弟中学初创阶段

根据前面的有关介绍和分析我们可以初步悉知 Q 厂第一所职工子弟中学创办于 1957 年[①]，比第一所职工子弟小学晚了近 3 年左右。因此，在进行国企职工子弟教育阶段历程探研时，笔者以职工子弟第一小学创办的时间为基准。亲历者的口述史是眼下最为直接的历史源头，往往能带给倾听者以亲历感。细言之，有人在回忆 Q 厂第一所职工子弟中学[②]初创情景时曾说道："Q 厂的子弟中学创建时间比较早，1957 年就有了。当时叫 C 市第十六中学，我们当时就在这个学校就读，非常不错的学校。当时的老师教的好，学生成绩也好，所以学校非常有名，可以说是 Q 厂的一个牌子。"[③]"Q 厂职工子弟中学刚办学的时候，老师们抓的就比较严。这一点你可以看看一些史料和回忆录。……总之吧，老师们只想努力让一中学变成全市最好的中学。"[④]"老师们非常好，而且教的非常负责。怎么说呢，因为当时 Q 厂只有这么一所中学，所以对教学质量是非常关注的。我在平时上课的时候就能感受到，你要是不会写不会读，老师一遍遍重复给你讲。所以我说嘛，老师非常负责。但是呢，那个时候的学生学习的热情也高，所以吧，学习效果挺好。我们班同学平时成绩都不错。"[⑤]根据上面的口述史可以形成这样的认识是，虽然，初创之时条件比较艰苦，但是，教职工们干劲十足、团结一心，力争把职工子弟第一中学办好的热情还是加快推动了 Q 厂职工子弟中学的发展。由此可见，在职工子弟第一中学发展过程中，教职工们所付出了很大的努力。因此，在进行有关教育发展方面的研究时，理应深入思考教师与学校之间的动态关系。而这也为后面考察教师培训工作提供了一些思路。

职工子弟第一中学在六十余年的发展历程中，发生了很多变化。一方面，学生整体素质不断提高；另一方面，学校现代化水平随 Q 厂的生产发展而不断提高，扩大了 Q 厂职工子弟中学教育的影响力，巩固了 Q 厂职工子弟教育

---

① 除了后面的口述史外，史料中也有相关记载。另外，还需要指出的是，如果细数 Q 厂对职工子弟开展的中等教育最早可以追溯到 Q 厂在职工子弟小学开办的初中班。据有关主体回忆："在一中之前就有中学了，只是那个时候不叫中学，叫初中班。"（来自职工子弟的访谈）

② 为使叙事简洁明了，笔者在下面将用"职工子弟第一中学"进行替代。

③ 来自笔者对曾就读于此的职工子弟访谈。

④ 来自笔者对曾就读于此的职工子弟访谈。

⑤ 来自笔者对曾就读于此的职工子弟访谈。

的地位，并得到了社会各界的广泛认可。据曾就读于此的职工子弟回忆："一中发展的最好，学生综合素质比较高，不管是进厂的还是考大学的，人才可多了。"①"Q厂一中和Q厂关系当然密切了！它给Q厂培养了不少人才，Q厂发展起来了，对它的投入力度也大了。"②而由职工子弟第一中学走过的风雨历史我们应该形成的认识是，在发展中学教育时，学校要狠抓教学质量、教师要爱岗敬业、学校要重视教师教学能力。这些经验对于今天中学教育发展以及国企办学具有十分重要的借鉴意义。此外，通过上面的介绍我们还可以看到，同Q厂创办的第一所职工子弟小学一样，关于Q厂第一所职工子弟中学成立之初的史料记述也不是很多。基于相关史料，我们只能大致获得关于C市第十六中学成立的时间、地点等基本信息以及C市第十六中学的发展阶段历程简况。又由于这些信息无法直接应用于本书中，因此笔者也就放弃了对相关史料的深入考察。

再从职工子弟第一中学的历史作用来看，一方面职工子弟第一中学使更多职工子弟能够通过升学学到更多的文化知识，提高学历，进而为Q厂和社会发展做出贡献打下良好的知识基础。另一方面，也使Q厂得以通过职工子弟第一中学这样的新型教育场域，继续加强对职工子弟的教育和管理。因此，从发展社会学的研究视角出发考察职工子弟第一中学的发展史有其合理性一面。

此外，还需要提到的是围绕Q厂创办的第一所职工子弟中学，仍有很多未尽的话题值得研讨。例如，首先，关于职工子弟第一中学自创办后的发展变化过程问题。细言之，笔者之所以没有深入研讨这方面问题，主要因为这方面问题需要引述很多史料和深入的田野调查才有可能说清楚。诚然，相关史料非常详实，但是由于笔者没有足够的田野调查，因此这方面的工作只能暂且放下。需要指出的是，从社会学角度出发考察这方面问题，并不是说要逐一用相关理论嵌套史料中记述的教育发展史，而是需要围绕相关话题展开田野调查，以形成带有社会发展意味的思考。进一步地说，找到不同历史时就读于职工子弟第一中学的职工子弟，是深入开展这方面研究的关键。可从目前情况来看，这方面的"工程量"非常大，所以相关议题只能在未来研究中

① 来自笔者对曾就读于此的职工子弟访谈。
② 来自笔者对曾就读于此的职工子弟访谈。

进一步延展；其次，从职工子弟中学校名变化中进一步分析国企是如何通过创办职工子弟中学，加强对国企职工子弟的教育和管理的。需要指出的是，通过"C市十六中学"这样的校名我们很容易想到该校并不能完全属于职工子弟中学序列。因为，职工子弟学校的名字都有"职工子弟"这样的字眼。只不过，这所中学的创办和Q厂职工子弟有关。于是，我们就要想到这所学校何时正式成为职工子弟中学的？其实，这一问题史料中已经给我们明确的答案了。但那只是一些基础信息，无法使我们围绕相关问题进行深度阐释。因为，上述相关问题涉及到不同场域的变化、不同管理主体的变化、不同校名的变化……非常复杂。故而笔者也未对此深入探究；最后，收集与解构第一代职工子弟中学学生的口述史和集体记忆。当然，笔者曾开展过这方面的研究，只不过有关成果并未公开发表。而在接触到这样一个群体时，我们会看到他们不仅是就读于职工子弟第一中学的第一批学生，同时也是就读于职工子弟第一小学的学生。多个"第一"，说明他们有着不同的经历、感受和记忆，而这则是我们可以进一步研究的话题。总而言之，职工子弟第一中学在我国教育史上具有非常重要的意义。这不仅因为它是Q厂这一国企单位创办的第一所职工子弟中学，而且还因为它为当前的教育发展和学术研究带来了很多有益启示。

（二）职工子弟中学缓慢发展阶段

根据国企职工子弟中学发展状态，笔者认为对缓慢发展形成的认识是，与快速发展不同，缓慢发展主要用以形容用时长、行动慢、成型晚的一种发展状态。比如说，职工子弟第一中学创办后到Q厂职工子弟第二中学①创办期间，以Q厂职工子弟中学为主要载体的中等教育就进入到了缓慢发展阶段。笔者之所以用"缓慢发展"来形容上述历史过程，主要因为在这十余年的时间里，Q厂只创办了一所职工子弟中学。历史地看，职工子弟第二中学的创办对Q厂职工子弟教育发展产生了重要影响。细言之，一方面职工子弟第二中学直接促进了Q厂职工子弟教育，尤其是中等教育的有序发展。因为，在已有职工子弟小学、职工子弟中学的基础上，进一步有了新的职工子弟中学进行衔接，能够更好地适应职工子弟的学习需要、Q厂自身的建设需要和国家

---

① 为使叙事简洁明了，笔者在下面将用"职工子弟第二中学"进行替代。

发展的需要①。另一方面，职工子弟第二中学能使职工安心在岗工作。细言之，创办新的职工子弟中学后，Q 厂对职工子弟这类"间接单位人"的教育与管理也进一步增强。如此一来，职工也得以解除一些来自抚养子女的后顾之忧，全力投身于生产发展中。据曾就读于此的职工子弟回忆："二中是 1968年办的，我们当时在二中的时候，感慨还挺多的。老师教的好……我现在还能想起一些课文和数学题什么的。而且呢，当时同学之间的关系也还不错。"②"学校的硬件在当时来说就很可以了，我在学校学习最后毕业了，到技工学校根据厂子设定好的工种学习了一年，然后进厂接了我父亲的班，他退休。"③"那个时候能上学爹妈得老省心了，尤其是上中学，咋说呢，不用像闲散人员那样逛，接受教育就解决（在国企单位上班的）父母老大一块心病了。"④由上述回忆我们还能看出，职工子弟主要是围绕职工子弟第二中学的各种软硬件设施条件，以及同学和教师之间的关系进行回忆和言说的。而在夸赞母校之好、念及老师教诲、回忆同学情深、畅享学习快乐等过程中，职工子弟之所以能够不断地以学校场域为中轴进行集体记忆的重建，一是离不开国企、国企职工子弟学校与国企职工子弟之间形成的依附性关系。前文也曾多次提到在"国家—单位—人"⑤的社会管理体系中，"个人"的意涵既包括与单位直接相关的"单位人"，也包括职工子弟等"间接单位人"。继而言之，上述社会管理体系可以进一步衍生出"国家—单位—单位人"和"国家—单位—间接单位人"两种关系体系。继而言之，归国企单位管理的国企职工子弟学校在强化单位制影响力的同时，亦对职工子弟这类"间接单位人"进行了教育和管理，并使上述主体之间形成了一种依附性关系，而这也为考察职工子弟集体记忆生成和重建问题提供了一个重要的切入点。二是离不开职工子弟学校作为知识和技术等教育资本输出场域，为职工子弟成为正式国企职工提供的重要契机。前面多次提到，从职工子弟学校毕业后，一些职工子弟可以通过"顶替接班"的方式成为正式的国企职工。在这一过程中，职工子弟中学往往能够发挥出非常

---

① 《中国教育年鉴》编辑部编：《中国教育年鉴（1949—1981）》，中国大百科全书出版社 1984 年版，第 148 页。

② 来自笔者对曾就读于此的职工子弟访谈。

③ 来自笔者对曾就读于此的职工子弟访谈。

④ 来自笔者对曾就读于此的职工子弟访谈。

⑤ 田毅鹏、吕方：《单位社会的终结及其社会风险》，《吉林大学社会科学学报》2009 年第 6 期。

重要的作用。例如，有人曾说道："那个时候中学毕业已经算是比较高的学历，接班的时候有一些优势吧。"①换言之，职工子弟中学促进了他们顺利"顶替接班"，这也容易导致他们对职工子弟中学时期的往事记忆深刻。

需要指出的是，Q厂虽然在这一阶段只创办了一所职工子弟中学——职工子弟第二中学。但是，我们仍然能够看到Q厂职工子弟教育发展的一面。当然，这种发展状态是阶段性的、缓慢的、递进的。我们由此可以进一步形成的思考是，在涉及发展方面的研究议题时，除了要分别关注发展的进度和向度这样的状态之外，还应该想见如何更好地将二者结合起来，从而促进发展社会学研究不断实现新发展。当然，以上仅仅是笔者根据由职工子弟第一中学和职工子弟第二中学共同构成的发展状态想到的观点，目前还无法提供明确的研究思路。一是因为关于发展方面的研究，涉及到的学科领域和研究议题较为多元，换句话说我们根本无法穷尽有关发展方面的研究。二是因为涉及发展话题的研究视角难以统一，这是目前所有学科都无法避免和解决的问题。对此，田毅鹏在《发展社会学研究的主题转换及再出发》一文中提到的"我们应该对发展概念进行深度的挖掘和解读，以在回应时代挑战的同时，推进和实现发展社会学的学科更新"②观点极具启示性。这即是说，应该通过职工子弟第二中学这样的具体发展案例去理解发展之语义，使"发展"更好地为相关学科助力。综上所言，我们应善于从发展社会学的角度出发审视国企职工子弟中学的发展阶段历程，以更好地理解单位制时期国企职工子弟教育发展问题。

(三)职工子弟中学继续发展阶段

根据笔者的理解与分析，继续发展应主要强调的是在原有发展基础上进一步发展的状态。比如说，进入20世纪70年代，Q厂职工子弟教育继续发展着，创办了Q厂职工子弟第三中学③和Q厂职工子弟第四中学两所新中学④。在本节中，笔者重点将依托相关史料和口述史，对职工子弟第三中学⑤的发展历程进行简要介绍和分析。而在后面的小节中，笔者再具体谈及"Q厂

---

① 来自笔者对曾就读于此的职工子弟访谈。

② 田毅鹏：《发展社会学研究的主题转换及再出发》，《社会学评论》2021年第1期。

③ 为使叙事简洁明了，笔者在下面将用"职工子弟第三中学"进行替代。

④ 除了后面的访谈资料外，史料中也有相关记载。

⑤ 为使叙事简洁明了，笔者在下面将用"职工子弟第三中学"进行替代。

职工子弟第四中学"的发展简况。

1. 职工子弟第三中学

如果说 Q 厂职工子弟第二中学是职工子弟教育尤其是中学教育发展的重要例证，那么，职工子弟第三中学则是 Q 厂职工子弟中学教育进一步发展或继续发展的重要例证。在访谈过程中，有人说道："三中学发展的还是很快的，具体什么时候建的我也记不清了，你回头自己查查校史。"①"三中是七十年代创办的学校，我五十年代生人，正赶上建校初期。其实，学校就是 Q 厂管，我印象里别的没啥特别深刻的事。"②总的来说，职工子弟第三中学为后面的职工子弟中学创办和发展提供了一个鲜活的范本。关于职工子弟第三中学的具体记载，感兴趣的读者可以参考相关史料。

考察职工子弟第三中学的出发点较为多元。细言之，研究者不仅可以研析 Q 厂这样的国企单位创办职工子弟第三中学的历程，而且还可以解析职工子弟第三中学发展与宏观时代发展之间的关系，以此来拓展人们对不同时代职工子弟学校发展境况的理解。需要指出的是，有人在回忆职工子弟第三中学时曾说过这样一句话："三中有一段时间生源不是很好，招学生不好招。"③听到这句话后，笔者感到万分惊奇。职工子弟第三中学可是 Q 厂创办的学校啊，生源怎么能不好呢？后来，笔者查阅资料后知道了其中的缘由。但囿于本书篇幅限制，笔者也就不再过多引述了。我们由职工子弟的话语一是应该想到职工子弟第三中学生源出现问题时，Q 厂是如何解决的？当然，相关史料中有很多非常详细的举措。对于这些措施，我们确实有必要加以分析和整理，为新时代国企办学提供参考和借鉴。但是，重复史料中的记载也容易弱化本研究之意味，因此，笔者就不再过多提到那些具体的措施了。二是如何细化考察涉及发展的议题？我们前面在提到职工子弟小学发展、职工子弟中学发展等有关发展的议题时，并没有突出强调职工子弟小学、职工子弟中学在发展过程中遇到过各种各样问题。而职工子弟第三中学出现的生源问题，恰恰说明即便是国企创办的职工子弟学校，即便有相对现代化的教学条件也会在发展过程中出现一些问题。当然，笔者上述话语之目的是为了说明在发

---

① 来自笔者对曾就读于此的职工子弟访谈。

② 来自笔者对曾就读于此的职工子弟访谈。

③ 来自笔者对曾就读于此的职工子弟访谈。

展过程中遇到问题是常态，解决问题是我们实现继续发展的重要选择。那么，在面临上述问题时，我们又该如何施策呢？答案只有两个字——改革。其实，不只是职工子弟第三中学这样的学校，很多类型的学校在面临发展困境时都应该着手进行改革。细言之，相关学校要依照国家的教育方针和学校现实情况进行教育教学等方面的改革，才能逐步冲破发展瓶颈，并呈现出新的发展状态。需要提到的是，关于学校改革问题学界研究较多，而对于国企职工子弟学校改革问题学界较少关注。因此，深入挖掘职工子弟第三中学这类国企创办的职工子弟学校围绕生源不足等问题进行的改革，对学界来说能起到"补白"的作用。因此，有感兴趣的学者可以围绕相似问题展开研讨。综上所述，我们能够发现国企职工子弟教育研究阶段历程探研的新时代价值。

2. 职工子弟第四中学

职工子弟第三中学之后，Q 厂职工子弟教育进一步实现了发展，创办了 Q 厂职工子弟第四中学①。从历史作用来看，职工子弟第四中学的创办不仅使是中学教育的体系进一步得到了巩固和完善，而且也不断提升着 Q 厂职工子弟教育的影响力②。由此可见，所谓的继续发展既包括 Q 厂职工子弟教育中的中等教育不断发展，也包括 Q 厂职工子弟教育整体实现了发展。根据职工子弟的口述我们可以获得这样一个重要信息，职工子弟第四中学曾进行过"五·四"学制改革，由此开启了 Q 厂各职工子弟中学改革和发展的新征程。据曾就读于此的职工子弟回忆："我们当时进学校后就是四年制初中，刚开始还不适应。后来，我们班又被定为实验班，就是'五·四制'实验班。"③"学制这个东西就是你的学习年限，Q 厂的职工子弟学校进行过很多实验啊、改革啊。你像比较典型的就是这个小学念五年，初中念四年，还有就是小学六年，初中念三年这方面的实验。我记得当时有很多的实验班。总之，小学初中加起来一共是九年，就跟现在的义务教育是一样的，只不过我们那个时候总是在实验吗，哪个更好。其实，现在回过头来看，年限还是那么多，学的东西也没咋变。"④

---

① 为使叙事简洁明了，笔者在下面将用"职工子弟第四种学"进行替代。

② 这一观点是笔者根据相关访谈归纳出来的。

③ 来自笔者对曾就读于此的职工子弟访谈。

④ 来自笔者对曾就读于此的职工子弟访谈。

关于学制和教学改革方面的问题，笔者将在下面的章节中进行专门叙述，在此就不再赘述了。依照上述对职工子弟第四中学的有限介绍我们很容易想到，学制改革是教育发展的重要环节，对个体的发展具有重要影响。而在总结学制改革方面的历史经验时，我们需要注意的是不能仅仅围绕当前学校出发进行相关试验，更要从多个已经进行过改革并且遗留了重要经验的历史主体出发进行总结与反思。如此说来，职工子弟第四中学的发展阶段历程将具有十分重要的研究意义。具体而言，职工子弟第四中学改革和发展的历史经验将为当前我国教育发展提供参考和借鉴，同时，围绕职工子弟第四中学进行的研究也将填补学界有关国企创办的职工子弟学校，尤其是国企职工子弟中学改革发展的空白。当然，笔者也仅在围绕职工子弟第四中学的介绍中提到了一些涉及学制改革和学校发展方面的信息，没有进一步展开相关论述。因此说，围绕既有文献史料和相关主体的回忆，这方面内容还有一定的研讨空间。

3. 职工子弟第五中学

关于 Q 厂职工子弟第五中学①成立的具体时间，不同史料中的记载并不一致，导致笔者不敢贸然使用史料中记载的具体年份，确定职工子弟第五中学的创办时间。如前面分析所指，即便对职工子弟第五中学的记述存在着一定的偏差，我们也不能完全否认相关史料的价值。因为，当前可供我们参考的相关史料是极为有限的，如果否认了其存在的价值，那么，我们将在毫无头绪的前提下开展相关探索。继而言之，在研究过程中我们一是要想到史料之中存在一些偏差，恰恰说明职工子弟第五中学发展史方面的研究仍具有一定的拓展空间。二是要想到记录历史的是人，人具有主观能动性，所以不能完全肯定史书中的记载一定会是精确的。要知道相关史料对跨越了近半个世纪的历史现象进行了归纳和梳理，难以确保不会遗漏历史信息的情况发生。按照这种说法，不同的史料围绕一个现象或问题可能会形成不一致观点的情况是可以理解的。只不过，研究者是否有必要围绕这些情况进行深入地研讨。如果不深入研讨这些情况的话，那么，我们就可以忽略这方面的问题。而笔者就忽略了这方面的信息，除了"拿不准"外，更重要的是本书写作之目的是为了围绕国企职工子弟教育发展阶段历程进行一定的学理反思，而非梳理有

---

①　为使叙事简洁明了，笔者在下面将用"职工子弟第五中学"进行替代。

关职工子弟学校的发展史。因此，对相关历史信息感兴趣的读者可以阅读史料，本书的内容可能存在着一些缺憾。

相关史料已经围绕职工子弟第五中学的创建和发展过程进行了较为系统的介绍，为笔者研究工作开展提供了一定的参考和借鉴。需要提到的是，在访谈过程中，笔者也主要是获得一些琐碎的信息。比如说，有人曾回忆道："我们都是从五中毕业的，毕业后，考上技校或者大学的同学基本都回了Q厂。"[1]"五中就是一个中学啊，你要非得问它的历史作用，我也只能告诉你五中是Q厂职工子弟学校中的学生考出去的挺多，就是给社会培养人才了吧!"[2]从这两段回忆中我们能够感知到，和其他职工子弟中学一样，职工子弟第五中学也一直承担着给Q厂和社会发展培养人才的重任。也就是说，从职工子弟第五中学考出去的学生不仅有可能会回到Q厂，为Q厂的生产发展做贡献，同时也将为社会发展做出贡献。进一步而言，在职工子弟第五中学就读的学生能够逐渐通过知识和技能的学习，完成从"间接单位人"到"单位人"、从"学校人"向"社会人"等身份转换过程，继而为促进企业的生产发展和社会发展挥洒青春和汗水。因此，在研究职工子弟第五中学的过程中，我们往往能够想到的是学校场域是如何促进学生主体更好向其他场域流动的。关于这一点，笔者将在未来尽力依托更为详实的史料并围绕相关主体展开访谈，深化这方面的分析。

(四)职工子弟中学不断发展阶段

在众多发展状态中，继续发展是一个值得关注的点。何为继续发展？其实，我们根据对于发展的日常理解就能够形成这样的认识，继续发展主要是连续不断地向前发展，中间没有断续情况发生。当然，继续发展的状态并不是绝对的。比如说，如果从划分好的整体历史阶段出发考察Q厂职工子弟教育我们会发现，各职工子弟学校中间虽然有一定的间隔，但数量一直是在增加，这就是一种"不断发展"。围绕"不断发展"，笔者在此要说一些赘余的话。需要提到的是，笔者之所以没有把2000年之后Q厂职工子弟教育发展状态纳入到本书中，主要是因为进入2000年起[3]，Q厂各职工子弟学校伴随单位制

---

① 来自笔者对曾就读于此的职工子弟访谈。

② 来自笔者对曾就读于此的职工子弟访谈。

③ 这一观点来自于笔者在田野调查中的见闻。

消解而逐渐划归到地方政府管理了。因此，从发展的角度来看，应该视这种情况为"发展中断"①。

承前所述，笔者接下来将要围绕 Q 厂职工子弟第六中学，进一步谈一谈"不断发展"的问题。20 世纪 80 年代以降，Q 厂生产能力和经济效益不断提高。与此同时，Q 厂职工子弟教育也实现了进一步发展。一个直观的现象是，在这一时期 Q 厂相继成立了一些新的职工子弟中学。下面笔者将继续依托相关史料和口述史，简要介绍这一时期 Q 厂职工子弟中学的发展情况。

1. 职工子弟第六中学

党的十一届三中全会召开以来，Q 厂职工子弟教育逐渐进入到了一个新的发展阶段。一个重要的例证是，Q 厂创办了第六所职工子弟中学②。关于职工子弟第六中学，曾就读于此的职工子弟如是回忆道："六中是八十年代从原来老一中拆出来的一个高中，它不是初中，这个我们当时有印象。"③通过这段回忆我们可以看到，职工子弟第六中学是从职工子弟第一中学拆分出来的一所高级中学，并不是笔者前面论述的初级中学。而职工子弟第六中学的创办，一方面使职工子弟第一中学成了一所初级中学，另一方面也使得 Q 厂初高中分开办学的路向更加明确。需要指出的是，Q 厂之所以能够创办职工子弟第六中学这样的高级中学，与国家相关部门的规定有关。早在 1981 年，教育部就曾发出通知要求将中学的学制改为六年④。而通过国家教育政策与 Q 厂职工子弟教育发展之间的关系⑤，我们还应该思考的问题是国家是如何通过引导国企职工子弟教育发展，从而实现对职工子弟这类"间接单位人"进行教育和管理的。有就读于此的职工子弟曾说道："分开办学以后初中就变成三年了，高中也变成三年了，这个和现在是一样的，也没有什么差别。就是我们念书的时候感触比较深，以前总说你在高中班啊，后来就说你上高中了。"⑥有关主

① 当然，这里提到的"发展中断"只是笔者的一些思考，如有不妥之处还请大家谅解！

② 为使叙事简洁明了，笔者在下面将用"职工子弟第六中学"进行替代。

③ 来自笔者对曾就读于此的职工子弟访谈。

④ 中央教育科学研究所编：《中华人民共和国教育大事记(1949—1982)》，教育科学出版社 1983 年版，第 614 页。

⑤ 笔者在这里需要提到的是，通过国家教育方针和政策对国企职工子弟教育发展的影响出发，进一步透视单位制时期国家、单位和个人之间的关系，是一个非常重要的研究思路。

⑥ 来自笔者对曾就读于此的职工子弟访谈。

体的回忆是开展研究的重要切入点。我们可以想到，伴随国家教育方针和政策的变化，Q厂对于职工子弟这类"间接单位人"的管理也在发生变化。继而言之，通过促进职工子弟中学场域分化或升级，更好落实国家教育部门的规定和要求，并满足职工子弟学习和发展方面的需要。这样一来，国企单位创办的职工子弟小学和中学，也就愈加成了稳定国企职工及职工子弟群体，引导职工子弟成才发展的重要场域。因此说，考察职工子弟第六中学这样国企创办的职工子弟中学时，不能仅仅围绕史料中所记载的一些历史发展经验进行重复叙述，应该努力建构出国家、国企单位、职工子弟中学和职工子弟等多元主体之间的关系，继而动态认识前面提到的"不断发展"状态。

2. 职业中学

(1)Q厂职业中学创建的历史背景

20世纪80年代，为促进企业的生产和发展，Q厂还创办了职业中学。其实，早在1958年召开的第四次全国教育行政会议上，国家就已经提出了要创办职业教育[1]。到了1979年，教育部和煤炭工业部又下发了通知，指定徐州矿务局、淮北矿务局、抚顺矿务局、阜新矿务局试办煤炭工业中学"招收应届初中毕业的煤矿职工子女"[2]。1980年，国务院批转了相关报告，明确了当时中等职业教育的发展目标[3]。

综合以上阐述我们可以形成的认识是，发展职业教育需要在国家教育方针政策的指引下，逐步明确谁来办学和如何办学这两个关键问题。对此，充分动员厂矿企业提高办学的积极性[4]，也就成为当时发展职业教育的一个重要切入点。我们由此很容易想到的是，厂矿企业本身非常强调专业性，因此，厂矿企业具有发展职业教育的先天优势。换言之，以厂矿企业为主要的依托，发展职业教育有其必然性。因为，厂矿企业在发展工业生产的过程中会产生

---

① 《中国教育年鉴》编辑部编：《中国教育年鉴(1949—1981)》，中国大百科全书出版社1984年版，第180页。

② 中央教育科学研究所编：《中华人民共和国教育大事记(1949—1982)》，教育科学出版社1983年版，第549页。

③ 《中国教育年鉴》编辑部编：《中国教育年鉴(1949—1981)》，中国大百科全书出版社1984年版，第180页。

④ 《中国教育年鉴》编辑部编：《中国教育年鉴(1949—1981)》，中国大百科全书出版社1984年版，第182页。

很多的职业类型。同时，综合相关介绍和分析还可以看到的是，当时国家大力发展职业教育一方面是为了解决毕业学生的就业问题而采取的一种策略。另一方面则是为了给国家发展培养更多专业化人才而采取的一种手段。由此可见，任何时期的教育发展都是与国家的发展紧密结合在一起的。因此，必须把涉及教育发展的有关话题放置于国家发展的语境下进行解构才能更加凸显其意义和价值。总的来说，上述历史背景直接加速催生了Q厂的职业中学。

从企业和社会发展关系的角度来看，Q厂创办的职业中学在丰富国企职工子弟教育形式的同时，还强化了学生的学习能力和企业意识，并为企业和社会发展输送了大量人才[①]。据曾就读于此的职工子弟回忆："我们当时上职业中学，主要是为了好就业。当时只要是职中或者技校毕业的，很容易找到一份工作，一般就是进厂了。我是1983年考的Q厂职中，1985年毕业进了Q厂，直接分配的。"[②]"那会儿都是中学毕业才能进职中，因为职中是高中那一级，所以我们比较吃力地考进去了。为啥吃力？不是考的人多，是题不好背。语文、数学、专业课程啥都有。我记得我在一个小土坡上，手里抓着石头，心里头念着课文，感觉很辛苦。但是只要考上了，我也就不觉得苦了。最后我毕业后回到Q厂子弟学校当了老师。现在已经退休了。"[③]"职业中学有一点好处是你毕业就能分配，所以那个时候考技校和考职中的人特别多。……Q厂职中当时还是非常好的职业高中，毕业的一般都有机会进总厂、分厂。"[④]根据上面的记忆叙事我们大致能知道当年Q厂职工子弟报考职业中学的热情。这种热情里面既包含着职工子弟通过考上职业中学继而实现自身职业化发展的渴望，又包含着职工子弟对当时Q厂创办的职业教育肯定。除了上面的介绍外，相关史料中对Q厂职业中学发展阶段历程有着较为详细的介绍，囿于篇幅所限，笔者就不再引述了。

行文至此，笔者想要提到一个插曲。2018年，笔者曾尝试对Q厂职工子弟教育中的职业教育进行研究。其实，当时的目的非常简单，主要是想写这方面的博士学位论文，拓展一下有关单位制的研究。于是，笔者便开始到Q

---

① 这是笔者在CQ高专（Q厂创办的职业中学前身）进行田野调查过程中形成的认识。

② 来自笔者对曾就读于此的职工子弟访谈。

③ 来自笔者对曾就读于此的职工子弟访谈。

④ 来自笔者对曾就读于此的职工子弟访谈。

厂相关部门和 CQ 高专的图书馆等处查找资料。往返数次后，笔者发现相关资料十分有限。于是，笔者只能转移到互联网空间，通过网络网售书平台购买到了很多相关资料，但由于没有接触到更多受到过 Q 厂职业教育的职工子弟以及与 Q 厂职业中学有关的其他人员，所以，笔者也就放弃了这个选题。在这里，笔者建议那些对职业教育感兴趣的研究者，如果能够找到一个国企单位、找到相关资料、找到具有相关经历的主体，那么，可以尝试开展这方面的研究。而研究这方面问题的重要意义在于既能使我们明确单位制时期国企创办职业教育的动机，以及国企内部的人才循环模式，为新时代国企办学提供重要的经验借鉴，同时，又能通过这方面的研究填补学界相关话题的空白。

综上所述，我们一方面可以看到 Q 厂职业中学发展阶段历程简况，对此我们应该深思 Q 厂是如何按照自身的生产发展需要开设具体专业和培养专门人才的，以及 Q 厂为提高学生的学习质量进行了哪些教学设计等等。只有把这方面的经验弄清楚，我们也才能进一步想到如何借鉴相关教育经验，促进当前我国的职业教育发展；另一方面，从 Q 厂职业中学发展的阶段历程中，我们还能够看到单位制对 Q 厂职工子弟教育发展所造成的一些影响。因为，那些从 Q 厂职业中学毕业的部分学生又进入到了 Q 厂中，在成为国企职工的同时，促进了 Q 厂的生产发展，尤其是国企职工之间的新老交替。如此一来，单位制也得到了巩固和发展。

3. 职工子弟第七中学

随着 Q 厂职工子弟教育的不断发展，Q 厂于 1988 年[①]创办了 Q 厂职工子弟第七中学[②]。据曾就读于此的职工子弟回忆："你看我是七十年代出生的，和你没差多少。我和你简单说说，第七中学是 1988 年办的，到现在已经不归 Q 厂管了。其实，你想了解七中学校的历史好办，直接去 Q 厂找相关部门就行。"[③]通过职工子弟的讲述，笔者也只获得了职工子弟第七中学创办的时间等方面的碎片化信息。其实，相关史料中关于职工子弟第七中学自 1988 年创办伊始到 2000 年之前的介绍比较详细。不仅提到了学校的历史沿革，而且还提

---

① 除了后面的访谈资料外，史料中也有相关记载。

② 为使叙事简洁明了，笔者在下面将用"职工子弟第七中学"进行替代。

③ 来自笔者对曾就读于此的职工子弟访谈。

到了学校未来发展目标。因为笔者担心过多梳理校史而把本书写成一本纯粹的史书，因而没有引述相关内容。作为一个后来人，笔者站在21世纪，回望20世纪职工子弟第七中学的发展阶段历程时，颇有立足"未来"回望"过去"之简意。而由于没有亲眼见证过相关历史，因此，笔者关于职工子弟第七中学发展史方面的介绍也就少了一些。进一步地说，关于职工子弟第七中学是否实现了其"未来发展"目标问题虽然有重要研究意义，但因为史料方面的欠缺，我们无法对之进行深入解读。需要指出的是，关于职工子弟第七中学我们不应该盯住那些琐碎的历史事件，而应该深入考察职工子弟第七中学与社会发展的关系。但是，开展这方面研究工作是十分困难的。从现实角度来说，笔者曾有过这方面的尝试，深入到已经发生转型的Q厂部分职工子弟学校中调研。然而，获得的资料十分有限。除此以外，笔者还去过留存职工子弟教育珍贵资料的QK区教育局，但那里的工作人员以资料涉密为由，拒绝了笔者的查阅请求。随着田野调查中断，笔者也感到了研究国企职工子弟教育的一丝艰难。可能有人会这样说："那就通过职工子弟的口述史继续深挖职工子弟第七中学的发展阶段历程啊？"确实，职工子弟的口述史能够使我们了解到职工子弟第七中学的发展阶段历程。但是，职工子弟回忆和言说的意义是有限的。细言之，除了一些职工子弟第七中学的简要信息外，其他的都是一些学习和生活方面的琐事，不便进入研究的语境中。因此，笔者只能有限地对第七中学与Q厂之间的关系展开分析，即职工子弟第七中学是为了促进职工子弟教育发展需要而创办的一所中学，仅此而已。

4. 职工子弟第八中学

在职工子弟的记忆中[1]，Q厂职工子弟第八中学[2]是于1987年创办的，有着非常复杂的发展史。笔者也尝试通过相关史料梳理职工子弟第八中学的发展阶段历程，但关于该校的史料不甚丰富，故而相关问题也就搁置了。这也导致笔者只能通过职工子弟的一些叙事进行相关分析。据曾就读于此的职工子弟回忆："中学能有什么回忆？都是很普通的每一天。我们上课下课，就是感觉学校挺好的，同学和老师关系也都挺好。你要详细说八中和其他中学有什么区别的话，我也说不好，毕竟我这个人不怎么会比较。只要是母校就好

---

[1]　这方面信息主要来自笔者对曾就读于此的职工子弟访谈。

[2]　为使叙事简洁明了，笔者在下面将用"职工子弟第八中学"进行替代。

呗，可以这样理解。"①实际上，我们不必太过深究职工子弟在学校中的特殊记忆。因为学校主要是一个学习场所，职工子弟在学校学习的过程只不过是惯习②形塑过程而已，这是每个学生都经历过的普通行为，没有什么特殊性。由此笔者想到我们实际上只能基于发展社会学的视域，理清涉及职工子第八中学诸多的变化。主要包括学生与教师之间的互动、学校进行过的教学改革、学生的发展走向、职工子弟第八中学的变迁历程等等。但那些琐事无益于相关研究深入推进，因此笔者也就放弃了相关访谈工作。经由以上反思笔者还想到，场域变化③是非常重要的研究视角，理应在国企职工子弟教育阶段历程探研中得到广泛应用。

5. 职工子弟第九中学

1991 年，Q 厂成立了职工子弟第九中学④。在成立之后的短短几年时间里，职工子弟第九中学就获得了诸多荣誉⑤，足见职工子弟第九中学的办学实力。看完有关职工子弟第九中学的史料后，笔者感到一些乏力。主要因为相关史料重点介绍的是职工子弟第九中学创建和发展历程等方面的信息，和前面提到的几所职工子弟中学发展历程的呈现方式近乎一致。笔者就此想见该如何突破这样的记述，进一步形成带有学术意味的反思问题。

需要指出的是，一本史书中的不同历史事件记述具有相似性是很正常的。主要因为很多内容是围绕一个既定框架撰写而成的。比如说，要根据时间、事件、地点等顺序，对相关历史情况进行介绍。于是，我们就很容易看到涉及 Q 厂职工子弟教育的史书会有很多趋同的表述。而作为研究者面对这些趋同的表述时，不应该只把趋同的表述再次复述，应努力把职工子弟第九中学历史发展过程中形成的各种关系呈现在读者眼前，并基于某一学科视角对相关关系进行阐释。

以社会学为例。社会学研究非常注重经验证明。趋同的史料恰恰是非常

---

① 来自笔者对曾就读于此的职工子弟访谈。

② ［法］皮埃尔·布尔迪厄著：《实践理论大纲》，高振华、李思宇译，中国人民大学出版社 2017 年版，第 235 页。

③ 王屹、梁晨、陈业森、李晓娟：《场域变化视角下的"双高院校"内涵建设》，《现代教育管理》2021 年第 3 期。

④ 为使叙事简洁明了，笔者在下面将用"职工子弟第九中学"进行替代。

⑤ 这方面信息主要来自职工子弟的访谈。

重要的经验证明材料。当我们在阅读史料过程中发现趋同表述的时候，可以放心地认为相关事件已经得到再次验证了。于是，我们可以考虑是否把相关史料作为证据去证明所想说明的事件。比如说，职工子弟第九中学一直是发展的，前面的职工子弟第八中学也是发展的，那么，我们就可以形成这样一种认识，即职工子弟中学教育是沿着发展的脉络前行的。有了这样的认识以后，我们就能够把国企职工子弟教育阶段历程方面的考察，嵌入到发展社会学的语境中了。继而言之，考察国企职工子弟教育发展阶段历程时，不一定非要把一些细节叙说清楚。尤其是社会学的研究者需要学会从中提炼证据和视域。因此，笔者也就不再过多介绍职工子弟第九中学的发展史了，有感兴趣的学者可以参考相关的史料。

6. 职工子弟第十中学

到了 1999 年①，Q 厂职工子弟第十中学②成立了。据曾就读于此的职工子弟回忆："十中是 1999 年建的学校……四年制的初中，我是八零后，……十中学校环境非常好。"③有关主体的回忆使我们能够大致了解到的信息是，职工子弟第十中学是一所四年制初中。根据笔者现有了解，职工子弟第十中学是 Q 厂在 21 世纪之前创办的最后一所职工子弟中学④。需要指出的是，关于职工子弟第十中学，我们不仅要看到其成立时的状态，而且也要尽力考察其未来走向问题。因为前面笔者曾提到过，Q 厂职工子弟中学在进入新世纪之后，逐渐划归到地方教育部门管理了⑤。这种管理主体变化中蕴含着 Q 厂各职工子弟中学的整体命运转折。那么，刚刚成立的职工子弟第十中学的命运如何呢？对于这个问题，笔者暂不介绍。因为，相关口述史正在努力收集中。当然，在解析上面提到的 Q 厂职工子弟中学命运转折问题时，我们应该考虑到的一个问题是将其置于"哪一"或者"哪些"学科的语境中。因为，谈及国企职工子弟教育转折或者变迁问题，往往会涉及到单位制、职工子弟、中学教育和社会发展等话题。故而，是分别基于教育学、社会学和历史学等学科，还是综合教育学、社会学和历史学等学科对上述问题进行研究，值得研究者们

---

① 除了后面的访谈资料外，史料中也有相关记载。

② 为使叙事简洁明了，笔者在下面将用"职工子弟第十中学"进行替代。

③ 来自笔者对曾就读于此的职工子弟访谈。

④ 除了笔者通过田野调查了解到的信息外，史料中也有相关记载。

⑤ 除了笔者通过田野调查了解到的信息外，史料中也有相关记载。

深思。从社会学的研究角度来看，笔者认为综合上述学科十分有必要。但具体分析过程中要以社会学为中心建立解析框架，在关注场域变化的同时，进一步梳理场域中有关主体的发展状态与感受。

通过以上介绍和分析，我们可以看到 Q 厂各职工子弟中学创办及发展简况。总体来看，有的学校校史较长，而有的学校校史较短；有的学校笔者介绍较为详细，而有的学校则被一笔带过。需要指出的是，国企职工子弟教育发展并不是简单意义上的学校、班级和学生数量增加，还包括管理的精细化、学科教育的正常化、教育活动的有序化和学校发展的现代化等丰富内容。而这些内容在 Q 厂各职工子弟中学的发展中得到了充分体现。此外，还需要提到的是，前面涉及的初中与高中分开办学情况，不仅使职工子弟第一中学呈现出了更为具体的阶段划分，顺应了国家教育改革和发展的步伐，而且还使 Q 厂其他各职工子弟中学有了可以借鉴的新发展经验。因此，从发展社会学的视角出发，基于 Q 厂各职工子弟中学的历史简况进一步透视国企职工子弟教育发展阶段历程具有一定的合理性和可操作性。综上所述，以发展社会学视角洞察国企职工子弟教育发展阶段历程，不仅要关注到国企创办的各职工子弟学校是如何形成、发展和变迁的，而且也要关注到国企职工子弟教育发展阶段历程给我们带来了怎样学术与现实发展方面的启迪。

三、职工子弟中学与职工子弟流动

与前面提到的职工子弟小学一样，Q 厂也不断通过各职工子弟中学加强着对职工子弟的间接管理。与此同时，这也给一些国企职工子弟（"间接单位人"）转变为国企职工（"单位人"）提供了机会。基于以上分析，我们还能够进一步想到的是职工子弟之所以能够发生上述身份转变，主要与职工子弟中学场域对职工子弟知识和能力的塑造有关。而职工子弟中学场域对职工子弟知识和能力的塑造又可以进一步简化为学校场域对相关主体惯习的塑造。在布尔迪厄看来，场域（filed）主要是一个关系构型[①]，而"惯习起源的逻辑本身使

---

① ［法］布尔迪厄、［美］华康德著：《反思社会学导引》，李猛、李康译，商务印书馆 2015 年版，第 122 页。

得惯习成为按时间组织的一系列结构"①，"是反复灌输和必要适应的产物"②。据此可以认为，Q厂职工子弟中学是形塑职工子弟某些"惯习"的场域。细言之，在教师这一主体的作用下，文化知识、生产技能、单位意识等"符号形塑机制"在职工子弟中学场域内不停地流动，继而促发职工子弟成长成才的同时，也使其不断地发生流动。例如，从初中阶段向高中阶段流动、从高中阶段向大学阶段流动、从学校场域向国企场域流动等等。需要指出的是，上面提到的"职工子弟中学与职工子弟流动"分析给我们提供了一个很好的视角，即在研究中要关注到职工子弟从一个场域进入到另外一个场域的动因。继而言之，我们不能完认为职工子弟进入国企中仅仅是受到"顶替接班"这样一种制度的影响，也要考虑到教育对给职工子弟发展带来的影响。如此一来，我们才能更进一步地理解单位制时期的国企发展问题，以及国企创办职工子弟中学这样场域的目的和意义。

以上笔者也只尝试截取发生于Q厂职工子弟教育史上的一些片段，重点分析了单位制时期国企单位、职工子弟中学与职工子弟之间的关系。可以看到，职工子弟中学的创办与发展不仅强化了职工子弟教育，同时也进一步增强了国企与职工子弟之间的关系。其实，从学术研究的角度来看，对于国企单位、职工子弟中学与职工子弟之间的关系分析，不仅应该嵌入一些较为成熟的理论，增进相关分析的学理性，更应该基于已有的史料及访谈进行深刻的学理反思，即我们从单位制时期国企职工子弟中学教育的发展历程中，获得了怎样的"学术意义"？诚然，笔者引入布尔迪厄关于"场域"和"惯习"之间的关系论断，尝试说明了单位制时期Q厂创办的职工子弟中学与职工子弟流动之间的关系。但笔者只是做了一些引入工作，而没有进行更为详细的探讨。这是因为布尔迪厄的相关论断是否能够适用于解释相关问题至今没有定论。可以说，这也是一个亟待突破的学术热点。关于如何突破的问题，笔者认为不应完全拘泥于西方学者的理论限制，而要基于现实的调研与反思，不断进行有中国特色的学术话语提炼和研究逻辑建构。

---

① ［法］皮埃尔·布尔迪厄著：《实践理论大纲》，高振华、李思宇译，中国人民大学出版社2017年版，第237页。

② ［法］皮埃尔·布尔迪厄著：《实践理论大纲》，高振华、李思宇译，中国人民大学出版社2017年版，第235页。

小结

考察完职工子弟小学后，笔者在本章中重点对 Q 厂职工子弟中学进行了介绍和分析。可以看到，笔者并未将全部的重心放在 Q 厂各职工子弟中学发展阶段历程本身，而是努力建构 Q 厂职工子弟、Q 厂职工子弟中学和 Q 厂三者之间的关系。笔者这样做的目的也是为了将 Q 厂各职工子弟中学发展阶段历程纳入到单位制的学术框架下展开分析。如此一来，有关话题将逐渐摆脱长时段描述的情况，并能够使人们形成一些反思。需要提的是在反思的过程中，如果再嵌入一些具体的学科视角，例如社会学、教育学和历史学方面的学科视角，还将有助于促进我国社会运行和发展的学术经验累积。

第四章 师资来源及教师
与校长的培训

对于国企职工子弟教育而言，校长的管理水平、教师的教育水平直接关乎着职工子弟的教育效果以及国企职工子弟教育目标的实现。因此，从常理出发进行思考，国企在发展职工子弟教育的过程中必然要加强职工子弟学校教师与校长的培训工作。而从现有研究情况来看，学界几乎将全部重心放在了公办学校教师的来源、培训和发展等话题上，对于单位制时期国企职工子弟学校教师来源及教师和校长培训等方面的话题鲜有问津。下面，笔者将对Q厂职工子弟学校教师的来源和培训过程以及职工子弟学校校长的培训过程进行简要地介绍和分析。

一、职工子弟学校师资来源

教师往往被称作是人类灵魂的工程师，足见其在教育发展中的重要性。韩愈在《师说》开篇曾写道："古之学者必有师。师者，所以传道受业解惑也。"[①]从国企职工子弟教育发展的情况来看，教师教育水平不仅会影响到学生学习的质量，而且还会影响到其社会化发展的进度和向度。可从现有研究情况来看，学界目前缺少对国企职工子弟教育师资来源、国企职工子弟学校教师培训等话题的关注。质言之，这方面话题既有助于我们深入理解国企职工子弟学校内部的人员构成，又能使我们进一步了解到国企职工子弟学校教师是如何不断发展的。一言以蔽之，师资对于国企职工子弟学校发展非常关键。关于Q厂如何重视职工子弟学校师资的问题，有人曾说道："Q厂职工子弟学校出现过几次缺老师的问题，主要是因为学生多、学校多了，老师少。后来，

---

① 引自韩愈的《师说》。

厂里想了很多办法。"①根据上述回忆以及现实教育发展情况我们很容易想到，其实，不只是 Q 厂各职工子弟学校，任何学校都需要相应数量的教师来确保学校有序运行和平稳发展，如果没有相应的教师填补空缺很容易造成师资不足问题。关于 Q 厂是如何解决师资不足问题的，上面提到的相关人员虽然没有细说，但是史料中却有明确的记载。由于笔者无意于重复史料中记载的历史经验，因此，这方面内容笔者也就不再赘述了。还是那句老话，对此感兴趣的学者可以去翻看史料。

回到本小节的主题——师资来源。那么，Q 厂各职工子弟学校的师资都源自何处？实际上，这一问题非常难回答。因为，不同历史时期和不同学校类型对师资有着不同的需求情况，因此在分析过程中实在难以做到统一。据有曾工作于某职工子弟学校的教师回忆："Q 厂继续通过吸收职工家属、找代课教师等方式招老师，但效果不太理想。尤其是小学和初中教师缺的厉害，一个老师要带两三门课程。"②"那个时候像我们这样高三年级的毕业以后，有机会进入到职工子弟学校中去教书，这样的机会也很难得。有人可能会问，为什么我们当时高三的毕业了就可以去到职工子弟学校？原因很简单，那个时候缺老师。你想，厂子的规模在扩大，职工也多了，学校也多了，孩子也多了，老师不够，只能想办法解决。"③"我是七几年的时候上的 N 师范学校，后来分配到 Q 厂职工子弟小学了。"④由上述回忆出发，我们一方面可以看到 Q 厂职工子弟学校师资来源较为多元，另一方面可以看到受师资不足影响下的学校发展状态。尤其是"中小学教师极缺，一个老师要带两三门课程""那个时候缺老师"等话语更让我们看到了师资不足给 Q 厂职工子弟教育发展带来的影响。于是，化解职工子弟学校教师的供需矛盾，也就成了彰显单位制优越性的一个重要方面。

根据前面有关"单位人"的介绍和分析，我们可以这样认为，国企职工子弟学校的教师应属于"单位人"，主要因为他们在国企单位中的"子单位"工作。此外，笔者在田野调查过程中曾听到过有人这样说："子弟学校的老师也是国

---

① 来自笔者对曾就职于某职工子弟学校教师的访谈。

② 来自笔者对曾就职于某职工子弟学校教师的访谈。

③ 来自笔者对曾就职于某职工子弟学校教师的访谈。

④ 来自笔者对曾就职于某职工子弟学校教师的访谈。

企职工，和在厂里头上班的职工都一样，区别不大。"①继而言之，招聘职工子弟学校教师不仅事关国企创办的职工子弟学校能否有序运行，同时也将影响到国企单位的稳定及发展。因此，应该在"单位—个人"这一框架下，考察国企职工子弟学校教师的选拔和培训工作。笔者认为，以上认识有助于我们在学术研究方面实现两点突破。一是进一步拓展"单位人"的研究论域。前面文献综述部分提到的"单位人"主要指的是国企职工。而"国企职工"这一说法有时过于笼统，往往只会让人想到那些在国企中进行开展生产活动的工作人员。如此一来，国企职工子弟学校的教师将会被忽略。需要指出的是，我们不能忽视国企创办的职工子弟学校这样一种与国企有关的"子单位"。因为，这一"子单位"中也有很多"单位人"。按此说法，国企职工子弟学校的教师，也应该纳入到"单位人"的分析中，用以拓展"单位人"的研究论域。二是进一步拓展对国企职工子弟发展的认识。在前面的分析中，我们重点提到了国企创办的职工子弟学校是如何促进国企职工子弟发展的。实际上，这样一种分析往往只能让我们想到场域对人发展的影响。笔者认为，这样的分析过于模糊。细言之，笔者并不否认国企创办的职工子弟学校对国企职工子弟成长发展具有的重要影响。可我们应该意识到的是，直接影响国企职工子弟成长发展的并不是国企职工子弟学校本身，而是职工子弟学校的教师。由此我们便可以想到"国企职工子弟学校—国企职工子弟学校教师—国企职工子弟"的"树人"逻辑。

　　继续回到上面提到的职工子弟学校师资不足问题。面对职工子弟学校师资不足问题，Q厂这样的国企单位是如何解决的？根据对上面的访谈资料展开分析后，笔者认为不只是Q厂这样的职工子弟学校，任何学校在面临师资不足问题时都会有两点做法：一方面，按照现实需要把能胜任教育和教学工作的相关人员引进来，也就是所谓的"选拔教师"。另一方面，则需要对"引进来"的职工子弟学校教师进行培训，以使其更好地胜任教师工作。当然，这一认识确实有一些主观判断。而之所以会以上这样的分析，主要一是因为笔者发现Q厂创办的职工子弟教育在某些方面和公办教育发展模式有一定的相似性。与此同时还应该考虑到的是，历史与现实之间是连通的，不能因为Q厂

----

①　来自笔者对曾就职于某职工子弟学校教师的访谈。

职工子弟教育成为了历史便把它同当前的教育形式完全割裂。这即是说，Q厂职工子弟教育是我国教育发展史中的一部分，与当前的教育发展具有一脉相承性。因此说，我们有时候可以通过当前的一些教育发展情况反过来理解国企职工子弟教育发展尤其是Q厂职工子弟教育发展的情况。总而言之，当既有史料和田野调查都有所限制的情况下，我们也可以根据现实情况适度展开一些联想。

二、职工子弟学校教师培训

如果从教育发展的重要性角度来认识教师培训的话，我们会发现教师培训是学校教育发展的重要环节。具体来说，教师培训主要涉及师德师风培养、教师管理能力培养以及教师教学能力培养等方面的内容。从Q厂职工子弟教育发展角度来说，上述内容对于职工子弟学校运行、职工子弟学校教师发展和职工子弟发展具有直接影响。

把有关Q厂职工子弟学校教师培训工作的议题嵌入到我国教育发展后，我们能够看到的是教育部召开的有关会议对Q厂职工子弟学校教师培训工作大规模开展的影响[1]。因此说，理解Q厂职工子弟学校教师培训工作不能仅仅从其本身出发，也要将Q厂职工子弟学校教师培训工作与我国教育发展史中的一些重要会议相联系。如此一来，我们也将更好理清国企职工子弟学校教师培训工作，尤其是Q厂职工子弟学校教师培训工作的历史发展脉络。细言之，1977年，教育部召开有关会议提到了师资培训工作的重要性[2]；1980年，在全国师范教育工作会议上，教育部明确指出中等师范教育在培养中小学教师中的重要性[3]；1981年，部分专家学者围绕中学在职教师如何系统进修高师课程等方面的问题展开了讨论和研究[4]，推动了中学教师培训工作开

---

[1] 这是笔者查阅《中国教育年鉴(1949—1981)》《中华人民共和国教育大事记(1949—1982)》等相关史料后做出的分析，如有不妥之处，还请各位专家学者批评指正！

[2] 中央教育科学研究所编：《中华人民共和国教育大事记(1949—1982)》，教育科学出版社1983年版，第500页。

[3] 中央教育科学研究所编：《中华人民共和国教育大事记(1949—1982)》，教育科学出版社1983年版，第589页。

[4] 《中国教育年鉴》编辑部编：《中国教育年鉴(1949—1981)》，中国大百科全书出版社1984年版，第201页。

展。基于以上史料可以看到，20世纪70年代末到80年代初，国家对中小学教师培训工作的重视。而为了更好地培训教师，促进职工子弟学校教师的教学能力提升，Q厂根据国家教育部门的有关要求大规模开启了教师培训工作。对此，有人曾回忆道："80年代的时候，那个时候有子教处负责，当时培训力度大，参加的人也多，各个子弟学校的老师经常参加讲座、听课、观摩活动。"[1]"在职工子弟学校教师培训工作中，经费都是Q厂出的。"[2]"我们当年在职工子弟学校上班的时候，经常会有培训任务。我觉得听讲座挺好，能知道人家都有什么新的教法。"[3]在田野调查过程中笔者了解到，Q厂在20世纪80年代之前是有过教师培训工作的，而其大规模开展教师培训工作是在20世纪80年代以后。对此笔者的猜测是，一方面因为20世纪80年代后我国教育事业不断发展，加之Q厂生产发展进一步扩大，给Q厂职工子弟学校教师培训工作开展创造了条件。另一方面则因为随着职工子弟教育的被不断发展、职工子弟学校学生人数和职工子弟学校教师人数不断增加，使得教师培训工作越发成为促进职工子弟教育发展的重要方面。正是基于以上两点分析，笔者才形成了有关Q厂职工子弟学校教师培训工作大规模开展方面的认识。总的来说，加强教师培训工作不仅有助于教师自身教育水平和教育能力提升，也有助于职工子弟学校学生的学习质量及Q厂职工子弟教育整体水平提高，继而扩大Q厂职工子弟教育的影响力。需要指出的是，因为本书并无意于梳理具体的历史事件，因此，笔者接下来将从组织与活动开展、场域与能力培养两方面出发，对教师培训工作过程进行一些学理分析。

(一) 组织与活动开展

在田野调查过程中，有职工子弟学校教师曾提到Q厂在不同历史时期创办过很多管理职工子弟教育事务的"子单位"。实际上，这些"子单位"在进一步增强Q厂职工子弟教育与管理工作的同时，也促进了各职工子弟学校教育工作的有序开展。其中，培训职工子弟学校教师就是上述"子单位"的重要工作之一。据曾工作于某职工子弟学校的教师回忆："我们之前在子弟学校的时

---

① 来自笔者对曾就职于某职工子弟学校教师的访谈。

② 来自笔者对曾就职于某职工子弟学校教师的访谈。

③ 来自笔者对曾就职于某职工子弟学校教师的访谈。

候总参加培训，那个时候组织教师培训的单位是 Q 厂的子弟教育处。"①由上述回忆可以看到，教师培训工作主要是由"子弟教育处"这样的"子单位"组织的。进一步参考相关研究后笔者形成的认识是，单位制时期国企单位内部的"子单位"具有重要的组织功能。而在发挥组织功能之前，这些"子单位"要通盘考虑到国企单位的发展目标、自身职能范围以及下属单位的需求情况。比如说，在组织教师培训时，"子弟教育处"要通盘考虑到教师培训工作对于 Q 厂生产发展的重要性、自身的职能范围以及各职工子弟中小学对于教师培训的需要。之所以会形成这样的认识，主要是因为在单位制时期，国企单位内部存在着"国企单位—子单位"的层级结构。亦如某职工子弟学校教师回忆时说到的那样："子教处就是管理我们各自子弟小学、子弟中学的，然后子教育处归 Q 厂管。"②如上所言，这样的层级结构导致"子单位"无法脱离国企单位的发展目标设定一些发展目标。当然，笔者在以上分析中从单位制出发对国企单位与其内部"子单位"的关系分析较多，而没有基于更为翔实的史料进行填充。这是因为相关史料记载的内容过于碎片化，笔者尚无法通过相关史料对这一问题形成深刻的理解。而这也是笔者未来要继续深化的一项研究工作。

（二）场域与能力培养

在培训职工子弟学校教师的过程中，教师进修学校的作用不可忽视。有人回忆道："我上班那阵，Q 厂有一个教师进修学校，我们都在那里培训。教师进修学校一边培训，一边研究。培训不用说了，研究的话，就是研究怎么培养老师。"③"我们那个时候条件算好的了，不用出 C 市，在家门口就能培训。为啥呢？因为有教师进修学校啊！"④由此而言，Q 厂教师进修学校首先是一个教研单位，一方面承担了职工子弟学校教师的培训工作。另一方面，还进行着相关科研探索，具体探索职工子弟学校教育的基本经验，以及如何有针对性地对职工子弟学校教师进行培训和管理。其次，教师进修学校是一个发展型单位。与学历教育不同的是，教师进修学校的主要任务在于提高职工子弟学校教师的实际能力，以使其更好地承担职工子弟教育工作。基于上论我们

---

① 来自笔者对曾就职于某职工子弟学校教师的访谈。

② 来自笔者对曾就职于某职工子弟学校教师的访谈。

③ 来自笔者对曾就职于某职工子弟学校教师的访谈。

④ 来自笔者对曾就职于某职工子弟学校教师的访谈。

可以这样认为，Q厂教师进修学校是职工子弟教育发展中不可或缺的存在。尤其是在教师进修学校的促进下，越来越多的教师得到了交流与提升的机会，为Q厂职工子弟教育发展奠定了重要基础。因此，基于教师进修学校场域与教师能力形塑之间的关系出发形成"场域与能力培养"这种关系认识有一定的合理性。

通过教师进修学校，我们还可以看到国企是如何通过培训教师，继而促进职工子弟教育发展的。进一步地说，学校的发展始终以教师发展带动下的学生发展为依托，从而使知识和技术等要素在职工子弟学校场域之中充分流动。当然，笔者也想走进Q厂曾经创办的教师进修学校中开展田野调查，可由于年代久远，加之缺少相关信息，因而未能如愿。笔者还有过这样的想象，如果能够走进这样一所教师进修学校，我们或许还能进一步了解到国企职工子弟教育体系内部各种场域之间的关联。

在前面笔者曾提到过国企单位、职工子弟学校和教师进修学校之间存在关联。再通过前面的介绍和分析我们还能看到，上述场域之间关系的建构与维持离不开国企职工子弟和国企职工子弟学校教师这样的行动者参与。其中，国企职工子弟是国企单位和职工子弟学校两个场域之间的重要行动者，教师则是教师进修学校和职工子弟学校两个场域之间的重要行动者。需要指出的是，之所以要提到上述行动者和场域之间的关联，主要是为了从学术研究的视角出发，更好地把握国企单位内部多元主体和场域之间的联系，并形成一定的学理分析。行文至此，西方学者提出的场域概念①似乎在解释上述行动者和场域之间关系的过程中具有一定的适用性。然而，我们却不能忘记国企单位具有中国的特色，不能盲目地援引西方学界的理论对中国的现象展开阐释。因为，那样很容易导致西方理论未尽其义，而中国现象未得解析的情况发生。

三、职工子弟学校校长培训

校长的管理理念和风格，对于学校的运行和发展至关重要②。从相关史料

---

①　[法]布尔迪厄、[美]华康德：《反思社会学导引》，李猛、李康译，商务印书馆2015年版，第133页。

②　洪晨、常亚慧：《学校类别与性别角色交融的校长管理风格》，《教育理论与实践》2021年第22期。

的记载情况来看，新中国的中小学校长培训工作早在 20 世纪 50 年代就已经开始了①。而在国家教育方针和政策的影响下，Q 厂也逐步加强了职工子弟中小学校长的培训工作。关于具体培训的过程和方式，相关史料中记载的比较清楚，笔者也不再赘述了。因为笔者未能访谈到职工子弟学校的校长，故而只能借助他人的回忆展开有关分析。据知情人回忆："职工子弟学校教师和校长都接受培训，而且经常有培训，这跟现在学校的教师培训工作没啥区别。"②"校长也有培训，和老师的培训是一样的，也都是去各个地方学习或者到教师进修学校进修。"③根据上面访谈资料中出现的"经常"二字，我们可以看到 Q 厂对各职工子弟学校教师和校长培训工作的重视。而通过"和老师的培训是一样的"我们则可以想到校长培训的形式与教师培训的形式有一定的相似性。

结合学界现有研究、相关史料以及田野调查情况后，笔者认为加强职工子弟学校校长培训工作，一是有助于强化职工子弟学校管理工作。职工子弟学校校长作为管理者，能够在不断接受培训的过程中提高管理意识和管理水平，进而加强职工子弟学校的管理工作，推动职工子弟教育发展。这一点我们可以从前面各职工子弟学校不断发展的现象以及相关人员的口述史中找到答案；二是有助于促进职工子弟的现代化发展。细言之，职工子弟学校校长通过培训工作并且逐步具备现代化的教育理念后，将有助于职工子弟在学校中学到更多现代化知识和技术，从而成为国企发展所需要的现代化人才，成为推动社会进步的重要行动者。继而言之，现代化的教育在促进职工子弟现代化发展的过程中，也将促进职工子弟学校、国企单位和社会的现代化发展。有学者指出："中华人民共和国成立以来，大型国有工业企业的建立和发展，对于推动国家工业化建设具有基础性意义，……单位实际上可以被视为中国社会主义现代化的一条独特路径。"④综上所述，我们可以认为社会现代化过程中最重要的是实现人的现代化⑤。因为，社会现代化是由人的现代化发展而来

---

① 《中国教育年鉴》编辑部编：《中国教育年鉴（1949—1981）》，中国大百科全书出版社 1984 年版，第 204 页。

② 来自笔者对曾就职于某职工子弟学校教师的访谈。

③ 来自笔者对曾就职于某职工子弟学校教师的访谈。

④ 李珮瑶：《后发现代化进程中的"组织化"与"再组织化"——以单位共同体变迁为中心》，《山东社会科学》2020 年第 8 期。

⑤ 张三元：《以新发展理念推动和引领人的现代化》，《思想理论教育》2021 年第 8 期。

的。进一步地说，人只有具备了前沿的社会意识、发展理念和行动逻辑，才能在追求具有现代特质生活的进程中助力社会向前发展。与此同时，人也将获得现代化发展的重要契机。反之，则可能会对社会的现代化发展产生不良影响。这启示我们在研究国企职工子弟学校校长培训时，不仅要抓住培训的方式，更要抓住培训的目的及意义，尤其是加强国企职工子弟学校校长培训能够给职工子弟现代化发展带来哪些影响。而这也有助于我们促进我国当前教育发展的经验累积。

根据以上介绍和分析，我们还应该想到的是那些关于国企职工子弟教育发展、职工子弟现代化发展、职工子弟教师教学水平提升和职工子弟学校校长治校能力提升等方面的经验如何观照到现实问题上。进一步地说，对于Q厂职工子弟教育中的一些历史经验我们要学会反思，对于当前现实中的一些现象我们也要认真反思。但是，我们不能仅仅是对历史或现实进行反思，而要对历史和现实同时进行反思。如此一来，Q厂职工子弟教育中的一些经验才能更好地关照到现实问题上，而现实问题则能够在历史中找到参照系。由以上论述出发，笔者想到了一个与Q厂职工子弟教育具有一定契合性的现实问题——新时代国企如何提高办学质量。2019年国务院在其印发的《国家职业教育改革实施方案》中明确指出："发挥企业重要办学主体作用，鼓励有条件的企业特别是大企业举办高质量职业教育，各级人民政府可按规定给予适当支持。"[①]实际上，虽然国家鼓励企业办学，但很多企业尤其是大型国企在办学过程中仍然会围绕如何办学尤其是如何提高办学质量的问题产生困惑。需要提到的是，解决新时代国企如何提高办学质量的问题就可以借鉴上述教育经验。例如，国企一方面要大力开展教师培训工作，让教师在接触到先进教学和管理经验的同时，不断形成主动学习的能力和热情，以更好地引导学生追求现代知识和技术，从而确保教育质量。另一方面，要加强对校长这类学校管理者的培养。校长不仅是学校前行的掌舵手，还是学校场域内各主体和要素之间关系的协调者。因此，其管理水平不仅会影响到教师与学生之间的关系走向，同时也会影响到教师与教师之间的关系走向。有学者指出："人们常常说，一个好校长，就是一所好学校。好校长之'好'，往往指校长拥有先进

---

① 《国务院关于印发国家职业教育改革实施方案的通知》，《中华人民共和国国务院公报》2019年第6期。

的办学理念、丰富的管理经验、较好的教育绩效以及良好的社会声誉，而要达到这些目标，离不开校长的领导力。"[1]因此说，加强校长培训工作，不断提升其领导力对于新时代国企办学质量提高至关重要。

承前所述，笔者还需要提到的是，除了教师外，校长这样的管理者也是非常值得研究的主体。可当前国内学界对此关注较少。实际上，研究校长这样的主体是非常困难的。因为如果把握不好度，很容易写成个人生活史，无法凸显研究之意味。笔者曾尝试开展相关研究，但由于缺乏经验支撑，尤其是相关主体的口述，导致撰写的文章过于学理化。因此，笔者在此提到的一个研究思路是如何寻找到单位制时期国企职工子弟学校的校长，通过他们的经历与记忆写一些具有启发性的文章，进一步揭示国企职工子弟教育管理经验，给新时代国企办学提供有益启示。当然，完成这样一项工作是比较困难的。因为，笔者走访了很多地方，并未找到单位制时期国企职工子弟学校的校长身影。而这也启示我们在选择这样一个课题之前应该对相关主体进行预调研，明确相关研究的可行性[2]。

综上所述，我们还需要探讨的一个问题是，即如何从历史中汲取经验关照现实。再具体一点地说，单位制时期发生的事件已然成为历史，我们挖掘它有何现实意义？其实，历史社会同现实社会之间具有某种相关性，因此，挖掘历史经验或反思历史能够让我们在推动现实社会不断前进的过程中，使现实社会更好地成为历史继而不断累积成推动社会前进的新经验。就像通过口述史和相关史料分析国企职工子弟学校中的校长、教师、学生等主体的塑造过程一样，新时代国企在办学时也应该深入思考相关主体的塑造问题。而在思考这一问题时，必须注意到教育所发挥的重要作用。质言之，只有把教育与人的发展关系作为一个切入点展开分析，新时代国企才能更好地与单位制时期的国企相衔接，并且在汲取历史经验的过程中，不断推动新时代国企前进并重要的成为历史载体。与此同时，研究者也应该通过这样的经验累积与传递过程进一步建构知识，使有关经验学术化，并推动学术发展及与现实社会发展有机结合。毕竟，这样的历史经验如不抓住，就有可能从我们的身边匆匆流去。总的来说，从历史经验出发观照现实，既是一个过程，又是一

---

① 周明：《领导力，校长管理学校的灵魂》，《教育家》2020 年第 24 期。

② 关于"预调研"的重要性，笔者在最后一章中也有介绍。

门学问。

小结

拓展单位制时期的国企职工子弟教育研究，不可避免地要谈到教师培训、校长培训这样的话题。本章主要介绍了 Q 厂职工子弟教师来源、师资培训工作和校长培训工作简况。可以看到，加强教师选拔和培训工作以及校长培训工作对于国企职工子弟教育发展的重要意义。需要指出的是，总结国企职工子弟教育发展的历史经验，一方面要从具体的文献史料中进行收集和整理。另一方面，则要超越整理而成的历史经验，形成更为深入的学理反思。这样一来，将有助于国企职工子弟学校教师教学水平和校长管理水平提高的相关经验得到更广泛的应用与传播，促进新时代我国教育事业的繁荣发展。

第五章　职工子弟教育管理
单位功能考察

　　根据现有研究情况我们很容易知道，单位制时期国企在管理职工子弟教育时曾创建过很多子单位。这些子单位在确保国企单位内部各项事业稳步实施的同时，亦促进了国企单位的协调发展。而在这些子单位中，有一些是涉及职工子弟教育的。比如说，前面职工子弟在访谈中曾提到的"子弟教育处"。需要指出的是，相关史料中对"子弟教育处"等 Q 厂在不同历史时期创办的职工子弟教育管理单位及其功能的记载非常丰富，而如果笔者再把史料中的内容复述一遍，那么，本书将变成第二本有关"国企职工子弟教育"的史书。为避免上述情况出现，笔者并未一一介绍具体时间节点上 Q 厂创建的职工子弟教育管理单位及其具体功能①，而把重心放在了职工子弟教育管理单位功能的宏观考察上。细言之，本章主要阐述了职工子弟教育管理单位有何主要功能、为何解读职工子弟教育管理单位功能以及如何解读职工子弟教育管理单位功能三方面内容。

一、职工子弟教育管理单位有何主要功能

　　总的来说，单位制时期国企创建的职工子弟教育管理单位，在职工子弟教育发展过程中主要发挥了管理功能、组织功能和培养功能②。系统认识这些功能不仅有助于我们深入理解单位制时期国企是如何加强国企职工子弟教育

---

　　①　需要说明的是，本章中出现的"职工子弟教育管理单位"是对 Q 厂于"1954—2000"年间创办过的职工子弟教育管理单位的统称。

　　②　需要提到的是，单位制时期职工子弟教育管理单位的功能很多，但笔者仅根据现有的研究情况、田野调查情况以及相关史料记载情况主要归纳出了这三方面功能。有不完整之处，还请大家见谅！

管理的，同时也能使我们找到一些适宜开展学术研究的切入点。

从管理功能来看，职工子弟学校管理单位主要管理了涉及 Q 厂职工子弟教育的各种事务。比如说，职工子弟学校的运行状态、职工子弟学习情况、职工子弟学校教师发展状态等。在田野调查过程中有人曾说道："负责子弟学校的部门，就是你说的那个单位啥都得管。再说了，学校多，学生也多，事情也多。像学校发展咋样啦、学生学习咋样啦、教师教的咋样啦……都管。"[①]笔者也由此认为管理功能是职工子弟教育管理单位的首要功能。需要说明的是，这里所谓的"首要功能"主要是指管理功能是职工子弟教育管理单位的核心功能。必须明确的一点是，职工子弟教育管理单位主要是维护国企单位内部社会协调稳定和职工子弟教育有序发展的重要存在，因此它必须加强职工子弟教育事务的管理，继而更好促进国企单位内部的治理。由此可见，管理功能作为职工子弟教育管理单位的首要功能或核心功能是何以可能的。

从组织功能来看，职工子弟教育管理单位经常要组织一些常态化的教育活动[②]和文体活动。这一点，相关史料记载的非常多，职工子弟的口述史中也有所提到，笔者也就不再引述了。需要提到的是，在撰写组织功能这一块内容时，笔者感到十分困惑。因为，职工子弟教育管理单位的组织功能在今天管理中小学日常工作的单位中十分常见。比如说，县教育局组织开展全县各中小学生歌咏比赛、组织开展全县中小学生学习竞赛、组织开展全县中小学生篮球比赛等等。笔者想了好久都无从下手，一度觉得研究职工子弟教育管理单位的组织功能意义不大。而在阅读了一些关于历史学方面的学术论文后笔者形成了这样的认识，当我们发现现实中的主体在重复历史中某一主体的行为时，说明历史中某一主体的行为得到了理解与传递。就像职工子弟教育管理单位的组织功能在管理中小学日常工作的单位中十分常见一样，说明职工子弟教育管理单位的组织功能得到了理解与传递。诚然理解与传递具有一定的继承意味，但这并不是说相关的功能就是从职工子弟教育管理单位的组织功能本身继承过来的。要知道，职工子弟教育管理单位的组织功能是按照国家教育方针和政策设置的，同时期管

---

① 来自笔者对曾就职于某职工子弟学校教师的访谈。

② 需要提到的是，前面提到的教师培训，也主要是由职工子弟教育管理单位组织的。

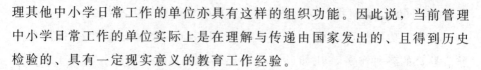

理其他中小学日常工作的单位亦具有这样的组织功能。因此说，当前管理中小学日常工作的单位实际上是在理解与传递由国家发出的、且得到历史检验的、具有一定现实意义的教育工作经验。

从培养功能来看，前面提到的国企职工子弟学校教师和校长的培训工作，主要是由一些具体的职工子弟教育管理单位来完成的。这一点，可以参考前面的访谈资料。除此以外，像学生的文化教育和能力培养也与职工子弟教育管理单位密切相关。需要指出的是，在考察职工子弟教育管理单位培养功能时，不仅要关注到职工子弟教育管理单位培养了什么以及如何培养的，而且也应该关注到职工子弟教育管理单位的培养功能在今天是否仍然能够得到延续以及如何得到延续的。实际上，从笔者对一些中小学的调研情况来看，同管理功能、组织功能一样，当前管理中小学日常工作的单位对于教师和校长等主体的管理和培训工作仍在继续。由此可以想到，把"历史"与"现今"中教师和校长等主体培养经验相衔接不仅是可能的，而且还有一定的必要性。因为，单位制时期国企职工子弟教育管理单位的培养功能与当前管理中小学日常工作单位的培养功能是相通的。

二、为何解读职工子弟教育管理单位功能

为何解读职工子弟教育管理单位功能？关于这一问题前面笔者曾尝试进行过回答。实际上，职工子弟教育管理单位功能虽然是一个历史存在，但系统解读其管理功能、组织功能和培养功能既可以拓展单位制研究论域，又可以为当前我国中小学管理提供一些参考和借鉴。接下来，本节将重点围绕解读职工子弟教育管理单位功能的学术意义和现实意义展开分析。

(一)解读职工子弟教育管理单位功能的学术意义

通过历史现象建构知识，最为直接的方式就是对历史现象进行反思。本书经常提到的词语就是反思。因为，如果脱离反思去研究为何解读职工子弟教育管理单位功能问题，很容易造成很多历史事件堆砌在一起，继而导致研究意味弱化。进一步从社会学的研究视角出发，社会学研究者经常

要进行各种各样的反思①，使相关问题上升到一定的学理高度。质言之，在社会学的语境下解读带有一定历史意味的职工子弟教育管理单位功能时，必须进行深刻的学理反思方能超越历史本身的桎梏。承前所述，笔者接下来将具体谈一谈基于发展社会学视角考察职工子弟教育管理单位功能有何意义。

首先，考察职工子弟教育管理单位功能有助于拓展发展社会学语境下的单位制研究。从现有研究来看，学界目前把单位制纳入到发展社会学语境下进行的分析已经足够深入。而在这里，笔者具体提到把职工子弟教育管理单位功能纳入到发展社会语境下分析，是有助于拓展发展社会学语境下的单位制研究的。需要指出的是，无论是在单位制语境下还是在发展社会学的语境下，对职工子弟教育管理单位及其功能展开的专门探讨较为有限。因此，通过考察单位制发展变迁过程中的职工子弟教育管理单位功能具有重要的学术意义。

承前所述，我们还需要想到的是，虽然考察这一问题具有非常重要的学术意义，但由于缺少前人研究指引，因此很多探讨将变成具有开创性的理解与认识。笔者自知力怯，故而不再深入阐述这方面的分析。只能通过有限的学识，为有志于此的研究者提供一些思路。细言之，在具体实操过程中一是应该广泛阅读发展社会学、单位制、社会学研究方法等方面的研究成果，并且建立一个具有社会学色彩的理论解析框架。同时，认真梳理相关文史资料，为证实理论解析框架的合理性或为修订理论解析框架提供依据；二是应该请教相关领域内的专家学者。笔者在撰写书稿过程中深刻体会到，如果自己闭门造车而不请教相关专家学者，撰写的速度和质量将受到极大影响。相关专家学者不仅会告诉我们当前该如何研究，他们还会提供一些学术生长点，这是非常重要的。因此，在考察职工子弟教育管理单位功能时，最好向专家学者进行请教。当然，在请教专家学者的过程中，必须坚持变亦不变的原则。即保持自己既定研究思路不变的基础上，进行一些适度的变动。而这则需要研究者提前确定与打磨好研究思路；三是应该围绕这方面问题进行深刻反思。关于反思的问题，前面已经提到很

① ［英］齐格蒙特·鲍曼、［英］蒂姆·梅：《社会学之思》，李康译，社会科学文献出版社2010年版，第177页。

多了，笔者也就不再赘述了。一言以蔽之，要尽可能地通过各种方法反向思考职工子弟教育管理单位功能，增强职工子弟教育管理单位功能分析的学理性，不能一味地沉浸在相关文史资料中。

其次，考察职工子弟教育管理单位功能有助于提炼一些社会学的学科概念。社会学非常关注人与社会发展的关系问题，或者换句话说，很多社会学概念都是从人与社会发展关系的角度出发提炼出来的。比如说，前面曾经多次提到过的"社会化"概念。而在进行职工子弟教育管理单位功能分析时，我们也很容易形成一些带有社会学色彩的话语。这是因为职工子弟教育管理单位在发挥其功能时，主要是促进职工子弟的社会化发展继而推动社会发展的。由于笔者没有深厚的学术积淀，不敢贸然提出社会学的分析概念，因此，也只能基于有限的学识尝试提出一些研究思路。笔者认为研究者在围绕职工子弟教育管理单位功能提炼一些社会学的学科概念时，首先，应该认真阅读相关的文献著述，尤其是一些经典的社会学名著，了解社会学概念的基本特征；其次，要围绕职工子弟教育管理单位功能进行系统分析，并提炼出一些关键词，为建构相关概念奠定基础；最后，请教专家学者。其实，请教专家学者往往容易让我们打开思路明白如何建构概念以及建构这方面概念有何意义。比如说，笔者在提炼"间接单位人"这一概念时就曾多次请教相关专家学者，收获甚丰。此外我们还要想到的是，提炼概念并不是为了创造术语，而是为了能够通过提炼出的概念对某一现象或问题进行学术性阐释。虽然，通过考察职工子弟教育管理单位功能提炼学术概念的工作十分艰巨，但对于促进社会学学科发展意义重大。因此，笔者也期待能有更多的人加入进来。

最后，考察职工子弟教育管理单位功能有助于形成一定的学理反思。对职工子弟教育管理单位功能进行考察时，我们很容易联想到一些学术性话语，继而进行学理反思。这一点，笔者在全书中多有提及。需要注意的是，学理反思很容易成为当前乃至未来学术研究的生长点，也就是说研究者可能在不经意间就挖到了学术研究的"富矿"，终其一生地围绕这一话题展开研究。但是，学术的"富矿"并不浮于表面，它需要我们通过学理反思不断敲击，方能露出端倪。在此需要插入一个小故事。笔者在同相关研究者围绕解读职工子弟教育管理单位功能有何学术意义进行探讨时，不少人表示这一话题已成为历史，学术意义有限。可笔者却不这样认为。总的来说，贯穿全书的一条线索是，虽然很多事件已然过去，但过去并不代表无意义，关键看我们在哪一学科的语境下对之进行解构。以发展社会学为例。发展社会学研究不仅关注当前社会运行和发展的状态，它也关注当前的社会结构、社会机制、社会记忆是如何从过去一步步演进而来的。总之，找到历史社会中的一个存在后，我们紧接着的行动是找寻当前社会中的另一个存在。当两个存在出现后，研究者就可以对二者之间的关系进行学术考察，亦即所谓的学理反思。比如说，明确职工子弟教育管理单位的功能后，研究者往往就可以在发展社会学的视角下，把它同当前某类教育管理单位功能进行比较反思，并建构出一些学术话题。

（二）解读职工子弟教育管理单位功能的现实意义

职工子弟教育管理单位现在虽然已经退出历史为舞台，但研究它仍能对当前教育管理工作顺利开展带来一定的借鉴与反思。经由前面的介绍和分析我们可以看到，职工子弟教育管理单位中的很多"子单位"在今天管理中小学日常工作的单位中仍然十分常见。由此而言，在考察职工子弟教育管理单位功能的现实意义时，必须明确的一条主线是职工子弟教育管理单位所采取过的行动对今天教育与社会发展有何作用。需要提到的是，相关史料中对职工子弟教育管理单位的行动有着详细的记载，笔者阅读后，感觉与今天小学或中学的管理方式差异不大。虽然差异不大，但并不代表无意义。这说明很多好的教育管理的做法、组织活动的做法、促进学生发展的做法具有延续性，得到了历史的检验。换言之，历史中的一些经验得以很好地延续下来，说明在今天乃至未来仍然有必要继续延续这方面的经验。那么，职工子弟教育管理单位功能为何会延续下来呢？对此，笔者尝试做了一个初步分析。

首先，这些功能契合了当前学生的需要。只有契合了学生的需要，职工子弟教育管理单位的功能，才能进一步延续下来，并且适用于当前学生的组织和培养活动中。笔者在前面曾提到，职工子弟教育管理单位的组织功能在今天的中小学日常工作中十分常见。这即是说，这些历史经验仍能契合当前学生的需要。

其次，这些功能适宜当前教育工作开展。其实，在开展教育工作中，离不开管理、组织和培养这样的关键词。因为这些关键词很容易把教育同相关主体的发展连接在一起。单位制时期如此，现在亦如此。因此，职工

子弟教育管理单位所发挥的管理功能、组织功能和培养功能必然在今天的教育工作中进一步得到延续。

最后，这些功能与当前社会发展相协调。这一点非常好理解，只有与社会发展相协调的事物才能逐渐延续下来，而那些与社会发展不相适应的事物则会逐渐被淘汰。细言之，职工子弟教育管理单位的功能之所以能够延续下来，说明它与当前社会发展之间是相协调的。因此说，在社会管理过程中，尤其是学校场域运行和发展的过程中需要这样的功能出现。于是，我们很容易用发展的语义和发展社会学的视角去解读职工子弟教育管理单位的功能。当然，从目前现有的史料来看，单一国企职工子弟教育管理单位的经验还不足以说明整个单位制时期，国企职工子弟教育管理单位皆如此。因此，应该找到更多企业的教育史料，同时找到当前小学、中学的有关资料进行对比。这样一来，相关分析就更具有现实意义了。需要指出的是，在比较过程中不应过度强调学术性，应强调现实性、学术性性和功能性交融。

三、如何解读职工子弟教育管理单位功能

实际上，如何解读职工子弟教育管理单位功能之重点在于弄清楚在什么样的学术研究过程下展开相关分析。接下来，笔者将具体从查阅资料、开展访谈和多维分析三个方面出发，尝试细说解读职工子弟教育管理单位功能的过程。

（一）查阅资料

查阅资料是解读职工子弟教育管理单位功能不可或缺的环节。而在研究过程中，笔者把它定为首要环节。因为，我们总要通过各种相关史料和已有研究才能形成研究职工子弟教育管理单位功能的总体性视角，继而了解到不同历史时期国企为管理职工子弟教育创建了哪些"子单位"，以及这些"子单位"又有哪些职能。实际上，职能是功能的具体化表现形式。换言之，通过这些"子单位"的具体职能，我们可以总结出职工子弟教育管理单位的功能。从笔者查阅资料的过程来看，除 Q 厂的一些文献史料外，笔者还查阅了其他国企在单位制时期为管理职工子弟教育创建的"子单位"。总的来说，通过收集、整理与分析这些资料后，笔者才归纳出单位制时期职工子弟教育管理单位具有的管理功能、组织功能与培养功

能。需要提到的是，以上功能也仅仅是笔者的一些初步认识，相关论点还不够系统深入，仍有待在后面的研究中加以深化。

（二）开展访谈

即便有详细记载职工子弟教育管理单位功能的资料在手，我们也不能完全听信其中的言辞。毕竟那只是一面之词！而开展访谈之目的主要是为了从主体感受出发，更为深入地了解职工子弟教育管理单位功能。需要指出的是，在社会学研究中，访谈资料是非常重要的证据，也是非常重要的依据。职工子弟教育管理单位功能话题较为抽象，因此，通过一些具体的主体感受，我们往往能够反向推论出史书中所记载的功能是否准确。当然，我们并不想推翻史书内容，只不过，不同学科是有不同立场和偏好的，这方面笔者就不再赘述了。需要提到的是，纵然访谈相关人员对于分析职工子弟教育管理单位的功能非常重要，可笔者由于未能在田野调查中寻得那些适于分析职工子弟教育管理单位功能的人员，因而本书中的一些内容存在缺陷。此时有人可能会反问笔者，那你访谈职工子弟不可以吗？细言之，笔者通过访谈了解到，职工子弟对职工子弟教育管理单位功能方面的内容了解不多，于是，笔者只能将更多的笔墨放在了学术分析上。实际上，如何对职工子弟教育管理单位功能展开分析，是一个值得探究的话题。而在探究这一话题的过程中，我们不能仅仅坐在书斋里苦思冥想，也不能频频往返于田野和书斋之间，毫无收获。在探究这一话题的过程中，最好还是对相关历史主体展开访谈，从他们的口中得知一些历史脉络，形成研究思路。这样一来，我们就能确定这方面研究是不是可行的以及如何可行。

（三）多维分析

功能是一个非常复杂的学术热词，在解读功能时应想到其由来、构成和作用等细节问题。根据这一认识，笔者进一步想到职工子弟教育管理单位的功能需要进行多维分析，即从历史、现实、学术等方面出发进行系统解构。即便笔者知道对职工子弟教育管理单位功能进行多维分析的重要性，可很多史料不便于笔者进行多维分析。因此，笔者只能从学术与现实的维度出发，对职工子弟教育管理单位的功能加以想象，却无法深入实践中去验证这种想象的可靠性。虽然如此，笔者认为对职工子弟教育管理单位功能进行多维分析的研究视角，有助于我们在未来寻找到其他研究对象后，直接把这方面的思路延续下来，继续拓展职工子弟教育管理单位功能分析。我想这就是所谓的"移花接木"吧！总的来说，围绕如何展开多维分析，文献综述的部分观点具有一定的启发性。比如说，确实不能让带有历史感的议题永远成为历史，但也不能紧紧围绕历史而漫谈历史。质言之，要在一个既定的学科框架下对相关问题展开研讨。

总体而言，虽然，当前单位制已然解体并成为了过去时，但是我们应该深入反思这段历史中发生的一些事件，继而获得更多有益的启迪，促进当前社会的更好发展。例如，反思 Q 厂职工子弟教育管理单位功能，为我国的教育事业发展提供参考和借鉴。尤其是审视职工子弟教育管理单位的功能，有助于解决新时代国企如何提高创办学校的管理效率、如何使创办的学校管理精细化、如何使创办的学校发展和自身发展深入结合等方面的问题。遗憾的是，囿于史料以及本书篇幅方面的限制，笔者未能对 Q 厂不同历史时期管理职工子弟教育的单位进行详细介绍和分析。对此，笔者也期待那些对单位制和 Q 厂职工子弟教育感兴趣的学者一同在未来的调研及研究中对有关问题进行补充，以完善职工子弟教育管理单位及其功能方面的研究。

小结

本章主要进行了职工子弟教育管理单位有何主要功能、为何解读职工子弟教育管理单位功能以及如何解读职工子弟教育管理单位功能方面的分析。囿于史料方面的限制，笔者并未对管理 Q 厂职工子弟教育的单位进行全面介绍，这或可成为未来相关研究的一个重要切入点。一方面，后继研究者可以基于全面详实的史料，进一步理清 Q 厂职工子弟教育管理单位的发展变迁历程，从而更好地使我们看到 Q 厂在各个时期为管理职工子弟教育而做出的调整。另一方面，我们从前面的一些分析中能够看到，职工子弟教育管理单位在国企职工子弟教育发展阶段历程中主要发挥了管理功能、组织功能和培养功能，反思这些功能对学术发展和社会发展具有重要的借鉴价值。而在解析职工子弟教育管理单位功能时，笔者认为主要应从查阅资料、开展访谈和多维分析三个方面出发，并把职工子弟教育管理单位功能置于某一学科语境下展开分析。

第六章　职工子弟教育工作
与教育改革

教育工作与教育改革事关教育发展的质量。历史上，国企职工子弟教育工作一直紧随国家教育方针和政策的变化进行着调整，以不断适应国家教育发展的有关要求和国企的生产发展需要。同时，国企职工子弟教育围绕国家教育方针和政策进行的教育工作与教育改革不仅促进了自身发展，同时也给我们留下了很多有益的教育发展经验。接下来，本章将主要以 Q 厂职工子弟教育发展过程中进行过的教育工作与教育改革为切入点，进行具体介绍与反思。

一、职工子弟教育工作概况与反思

教育工作的意涵十分丰富。概而言之，教育工作主要指教育活动过程中针对学生开展的教育与教学方面的工作，例如德育、智育、体育等。教育工作的目的主要是为了促进学生发展从而推动教育事业发展和社会进步。从当前研究情况来看，考察国企职工子弟教育中的德育、智育、体育等方面的工作不仅有助于我们总结教育工作经验，而且也能拓展单位制研究论域，促进相关研究工作深入开展。下面，笔者将基于笔者的田野调查，围绕 Q 厂职工子弟教育工作中的德育、智育、体育等方面教育工作的情况进行简要介绍与分析。

(一)德育

德育，往往也被称为道德教育，主要是指通过学校等场域培养学生道德情操，促进学生思想道德水平不断提高的一种教育活动①。其实，前面进行过的很多分析都是围绕"国家—单位"这一框架进行的。接下来要分析的 Q 厂职工子弟教育中的德育工作也不例外。换言之，考察 Q 厂职工子弟教育中的德育工作时，必先要提到相关历史背景。具体来说，新中国成立之初，国家逐步确立了发扬"五爱"教育，即提倡"爱祖国、爱人民、爱劳动、爱科学、爱护公共财物"②的基本德育路向；1957 年，教育部发出通知对德育工作做出了明确要求③；1961 年，中共中央批准试行了"大、中、小学工作条例草案"，对各学校的思想政治教育工作进一步做出了明确要求④。由此可见，德育工作是学校教育工作的重要环节。历史地看，Q 厂职工子弟教育中的德育工作主要做法包括通过日常教学活动加强学生的爱国主义教育以及围绕一些重大纪念日活动促进中小学生思想道德水平提高⑤，这与今天中小学校的德育工作方法基本一致。基于此，笔者接下来将从以下两个方面展开反思：一是 Q 厂职工子弟教育中的德育工作有何借鉴意义，二是如何对 Q 厂职工子弟教育中的德育工作展开研究。

在回答第一个问题前，笔者先说一些自己的体会。其实，教育活动不仅应该指向过程，也应该指向结果。质言之，教育活动应该关注到教师在教育学生的过程中，使学生获得了什么。在此观点基础上进一步参考有关学者的论述⑥我们便会形成这样的认识，德育工作不仅应是对学生进行过德育，而是应该通过德育让学生形成良好的道德情操。总的来说，Q 厂职工子弟教育中的德育工作不仅注重过程，更注重效果。比如说，通过各种各样的课程和活动对学生进行爱国主义教育，使学生树立爱国主义情怀等等。据曾工作于某职工子弟学校的教师回忆："我们当时非常重视学生的道德教育，厂里边也重

---

① ［美］约翰·杜威著：《学校与社会·明日之学校》，赵祥麟、任钟印、吴志宏译，人民教育出版社 2004 年版，第 7 页。

② 《中国教育年鉴》编辑部编：《中国教育年鉴(1949—1981)》，中国大百科全书出版社 1984 年版，第 420 页。

③ 中央教育科学研究所编：《中华人民共和国教育大事记(1949—1982)》，教育科学出版社 1983 年版，第 202 页。

④ 《中国教育年鉴》编辑部编：《中国教育年鉴(1949—1981)》，中国大百科全书出版社 1984 年版，第 420 页。

⑤ 这是笔者综合田野调查中的见闻形成的认识，具体内容可以参考下面的访谈资料。

⑥ 邵志豪：《新时期青少年德育本质意涵论析》，《社会科学战线》2016 年第 10 期。

视。所以，课上课下经常教育学生要热爱祖国、尊敬老师、孝顺父母、团结同学、保护环境……而且呢，我们还经常对学生摸底，看他们是不是真正领会课上课下的德育内容了。"①从上面这段访谈内容我们可以知道，无论是 Q 厂还是职工子弟学校教师都十分重视德育工作。其中，"经常对学生摸底，看他们是不是真正领会课上课下的德育内容了"在当前具有一定的借鉴意义。细言之，笔者曾走访过一些中小学，这些中小学德育工作开展得很顺利，但是，很少对学生的德育状况进行"摸底"。实际上，对学生的德育状况进行"摸底"不仅是为了了解学生的德育状况，同时也是确保德育效果、促进德育工作更好开展的重要基础。因此说，虽然 Q 厂的一些教育工作经验已经成为了历史，但我们当前仍然可以从中找到一些启示。

除了以上做法外，职工子弟学校教师在开展德育工作时，还十分注重家庭的参与。据曾工作于某职工子弟学校的教师回忆："有的学生不好管，我们就找他父母，一起说教，这对德育来说还是挺管用的。可能那个时候家长管的比较严吧，所以一说找父母、叫家长，学生都害怕。"②由此可见，把家庭动员起来，充分实现学校场域和家庭场域之间的联动、教师和家长之间的互动③十分有益于学校教育工作，尤其是德育工作的开展④。

重大纪念日是开展德育工作的重要载体。有人曾回忆道："我们当时在职工子弟学校读书的时候，像国庆的时候会举办一些活动。比如说歌咏比赛、征文。然后我们下去以后自己找东西，写一些热爱祖国的读后感，还有就是唱一些红歌。我们那个年代真的特别珍惜来之不易的学习机会，父母也常说要好好学习，要珍惜什么的。那个时候我们很小，不理解什么是德育。现在想起来，老师当时都是在潜移默化地影响我们。当时很多纪念日学校都非常重视，我们也比较投入。至今我还记得那首歌——《祖国颂歌》，小学的时候唱的比较多。"⑤需要指出的是，德育工作不是一种表面性工作，它强调对学生

---

①　来自笔者对曾就职于某职工子弟学校教师的访谈。

②　来自笔者对曾就职于某职工子弟学校教师的访谈。

③　相关论点还可参考笔者撰写的《家庭作业批改中的义务矛盾解析——基于场域理论和交往行为理论》一文（载本书的"回忆与研究展望"部分）。

④　《教育部关于印发＜中小学德育工作指南＞的通知》，《云南教育（视界时政版）》2017 年第 10 期。

⑤　来自笔者对曾就读于某职工子弟学校的职工子弟访谈。

进行系统、深入的品德教育，使学生形成与我们社会运行发展相一致的社会意识。当然，德育并不一定要通过灌输式的教育方式来进行，也可以通过重大纪念日这样的契机，使学生不断加深对祖国的热爱继而提高道德情操①。由此可见，Q厂职工子弟教育中的德育工作经验在今天仍有借鉴意义。

在田野调查过程中笔者发现，无论是亲历过职工子弟教育的教师还是学生，都对Q厂职工子弟教育中的德育工作表示认可。而笔者同样认为，系统梳理这方面工作经验，对于新时代国企办学具有重要的借鉴意义。因为很多德育工作经验能够直接应用于国企创办学校的教育工作中，毕竟Q厂职工子弟教育中的德育工作经验是带有国企属性的教育工作经验。与此同时，通过职工子弟的讲述，我们还能看到一个词——"潜移默化"。通过潜移默化，我们应该想到的是教师在开展德育时，可以通过灵活多变的教育形式使德育内容融入到教学过程中。当然，笔者没有从事过中小学教育工作，因此，只能提出以上的一些粗浅分析。关于具体如何实操的问题，还有待进一步挖掘史料并加强实践方面的探索。

接下来，笔者再来简单说一说如何对Q厂职工子弟教育中的德育工作开展研究。笔者虽然对教育现象和相关问题有过一段关注，但是并没有开展过专门的德育研究。考察完Q厂职工子弟教育中的德育工作之后，笔者深思了这样一个问题：如何对Q厂职工子弟教育中的德育工作展开研究？笔者的想法是基于现有的社会学理论，建立一个理论解析框架，然后再用Q厂职工子弟教育中的德育工作经验进行说明。如此一来，还将提高相关分析的学理性。可这里面有一个悖论是，Q厂职工子弟教育中的德育工作经验具有中国特色，所以，不能盲目地用西方理论做解析框架，然后再用Q厂职工子弟教育中的德育工作经验加以说明，因为那样很容易形成用中国的事实验证西方学说合理性的研究逻辑。当然，最好的结果是二者结合起来，方能更好地为我国教育事业发展以及相关学术研究开展提供参考和借鉴。一言以蔽之，在研究Q厂职工子弟教育中的德育工作时，应该进行具有指导性、概括性和说明性的德育工作经验总结。此外，在研究德育的过程中，还不能仅仅关注德育本身，

---

① 《教育部关于印发＜中小学德育工作指南＞的通知》，《云南教育（视界时政版）》2017年第10期。

应该把德智体美劳等方面的育人工作统一起来加以考察①。因为教育是个系统工程，任何教育环节都可以嵌入德育。进一步地说，将德育嵌入到智慧、体育、美育和劳动技术教育中，无论是对教育目标实现，还是学生的全面发展都是有益的。

（二）智育

智育是学校教育活动的重要组成部分。马克思有言："我们把教育理解为以下三件事：第一：智育。第二：体育，即体育学校和军事训练所教的内容。第三：技术培训，这种培训要以生产各个过程的一般原理为内容，并同时使儿童和少年学会各种行业基本工具的实际运用与操作。"②基于马克思对于智育与教育的关系介绍以及相关学者对智育概念的辨析③，我们可以尝试把智育简单理解为教师通过言传身教等方式，向学生传授知识、技术与行为规范等内容，使其能够更好成长为与教育目的相一致主体的教育活动。历史地看，在职工子弟教育初创之际，Q厂职工子弟学校的教师曾为学校教学工作付出了很多努力，也取得了很多成绩，这一点我们可以参考前面笔者对各个职工子弟小学和中学的介绍与分析。下面，笔者将对研究Q厂职工子弟教育中的智育工作有何意义以及如何研究Q厂职工子弟教育中的智育工作两方面问题展开分析。

研究Q厂职工子弟教育中的智育工作有何意义？笔者认为，其学术意义要大于现实意义。因为笔者通过田野调查发现，Q厂职工子弟教育中的智育工作主要是围绕一些具体的教学工作展开的，与现在的教育教学工作没有过多差异，因此，这方面内容笔者就不再赘述了。

至于研究Q厂职工子弟教育中的智育工作有何学术意义，笔者认为，首先，这方面研究有助于我们深化对职工子弟教育如何促进国企职工子弟成长发展的深入理解。而在产生相关理解之后，我们便可以进一步认识到国企职工子弟如何通过知识学习进入到国企单位中，并成为单位人的；其次，这方面研究有助于我们为当前的智育工作寻找到一个参照系并形成对比研究，促

---

① 刘庆昌：《"五育并举"才能促成完整的学校教育》，《教育发展研究》2021年第22期。

② ［德］马克思、［德］恩格斯：《马克思恩格斯全集》第21卷，中共中央编译局编译，人民出版社2003年版，第270页。

③ 项贤明：《"智育"概念的理论解析与实践反思》，《课程·教材·教法》2021年第5期。

进相关研究的深入开展；最后，这方面研究有助于我们拓展国企职工子弟教育的研究论域，为社会学和教育学等学科的嵌入及融合创造契机。

关于如何开展职工子弟教育中的智育工作研究，笔者认为应该采取以下两方面行动。一方面要加强田野调查。也就是说，一定要深入到田野中努力收集到丰富的资料，最好能够收集到不同历史时期各个职工子弟学校学生成绩方面的信息。当然，笔者曾尝试对这方面的资料进行收集，但未能如愿。其实，学生的成绩是我们了解 Q 厂职工子弟教育中的智育工作开展情况的最好切入点。而如果未能收集到学生的成绩，那么，我们只能对职工子弟学校教师和职工子弟进行访谈，收集他们的口述史。另一方面，在进行田野调查的同时，也要根据社会学、教育学、历史学等学科属性，建立一个理论解析框架。至于如何建立理论解析框架的问题，笔者在本书中就不再展开了。

（三）体育

体育是非常重要的教育形式，中小学体育工作与学生的健康成长一直受到社会各界的关注。阅读完相关史料后笔者发现，有关 Q 厂职工子弟教育中的体育工作记述非常多，主要包括在具体时间节点开展了哪些体育活动。但因本书不想过多梳理有关历史，故而下面笔者将对研究 Q 厂职工子弟教育中的体育工作有何意义以及如何研究 Q 厂职工子弟教育中的体育工作两方面问题展开分析。

从现实意义角度来看，研究 Q 厂职工子弟教育中的体育工作，能够让我们形成如何开展好体育工作方面的反思。其实，同前面笔者提到过的其他教育工作一样，Q 厂职工子弟教育中的体育工作与当前各个中小学开展的体育工作形式和内容差异不大。但笔者通过田野调查发现，Q 厂职工子弟教育中的体育工作有两方面经验值得借鉴。首先，教师带头参加体育活动[①]。据曾工作于某职工子弟学校的教师回忆："那个时候体育工作抓的严，为了防止学生不好好上体育课、做操，老师都跟着。另外呢，学校让像我这样比较能蹦能跳的带头做操，上好体育课。"[②]我们都知道小学、初中阶段学生往往会把教师的言行作为自己学习的标准。因此，教师带头示范往往能够激发学生参加体育活动的兴趣。于是我们就可以形成这样的认识是，通过教师的带头示范有

---

① 除职工子弟的访谈外，相关史料中也有记载。

② 来自笔者对曾就职于某职工子弟学校教师的访谈。

助于提高当前中小学生参加体育活动的兴趣。需要指出的是，笔者之所以会关注中小学生参加体育活动的兴趣并且提出上述观点，主要是因为 2020 年笔者曾对某中学进行过实地调研，发现学生参加体育活动的兴趣较低。后来，笔者在对该校的几位教师进行访谈时发现，他们本身不怎么爱参加体育锻炼。基于此，笔者尝试围绕教师体育运动兴趣与学生体育运动兴趣之间的关系展开了一些想象。而后的一些调研证实了笔者的上述猜测。实际上，体育工作不仅仅是体育教师的事，而是整个学校育人过程的重要部分，所有的教师、学生都应该参与其中。可在当前的中小学教育工作中，这方面的工作仍有待加强。从研究者角度出发该如何解决上述问题呢？笔者认为一方面要围绕 Q 厂职工子弟教育中的体育工作经验，形成一些论文和微信推文，让当前中小学教师明确自身行为对学生参加体育运动兴趣的影响。另一方面要从不同学科角度出发，加强对当前中小学教师参与体育运动的重要性研究，提出更具有针对性的策略。

承前所述，Q 厂职工子弟教育中的体育工作虽然已经成为了历史，但仍然具有一定的借鉴意义。所以笔者也一再提到过去的事物并不代表无意义，关键看我们如何挖掘过去的事物。质言之，总结以往的体育工作经验，尤其是 Q 厂职工子弟教育中的体育工作经验，能够让我们明确如何开展好当前的体育工作，这是非常重要的教育工作经验的传递。而如果没有这方面的工作经验传递，那我们只能通过自己去创造体育工作的经验和方法了。此外，还需要述及的是提高学生参加体育活动的兴趣，也得确保学校有相应的体育设施。从前面的介绍和分析中我们可以看到，Q 厂各职工子弟中小学非常现代化，基本上都配备了塑胶跑道等设施。对此，有人曾回忆道："我们那个时候上体育课特别有意思，就是玩。老师们带我们先做热身活动，然后有时候是解散自由活动，有的时候是踢足球、打篮球、打乒乓球、在塑胶跑道上赛跑等等。冬天的时候，我们还有滑冰课。"①这即是说，开展好当前中小学体育工作，既需要有教师带头参加体育运动，又要有相关体育运动设施。

从学术层面来看，研究 Q 厂职工子弟教育中的体育工作有何意义？笔者认为，一是有助于我们系统梳理单位制时期国企职工子弟教育中的体育工作发展史。需要指出的是，单位制时期国企职工子弟教育中的体育工作发展史

---

① 　来自笔者对曾就读于某职工子弟学校的职工子弟访谈。

是我们考察国企创办的职工子弟学校开展体育工作过程的重要依托，是进一步深化单位制研究的重要切入点。同时，梳理这一体育工作史对学界相关研究而言也是一个非常重要的补充。换言之，国企职工子弟教育史议题学界研究尚有余地，因此，单位制时期国企职工子弟教育中的体育工作发展史更有一定的研究空间。承前所述，由于笔者未从事过体育学领域内的相关研究，故而这方面研究就留给其他感兴趣的学者了。

二是有助于我们进一步拓展有关学生发展方面的研究。细言之，学生的成长发展不仅仅包括知识学习进步，还包括身体素质不断增强。所以，围绕Q厂职工子弟教育中的体育工作，应该进一步想到的是体育如何更好地促进学生发展。毕竟，我们已经无法复制当时体育工作的现场，只能通过一些史料从侧面了解到当年开展体育工作的情况。因此，笔者的一个想法是进行历史和现实之间的对比。也就是说把Q厂职工子弟教育中的体育工作同当前中小学体育工作放在一起进行比较。当然，由于笔者没有开展过相关研究，目前这也只是一个想法。

除了德育、智育、体育外，Q厂还十分重视职工子弟的艺术教育。艺术教育是学校教育中不可或缺的重要组成部分。艺术教育不仅涉及艺术形式的传授，更涉及艺术鉴赏能力的培养和艺术品行的熏陶等诸多方面内容[1]。据有关主体回忆："我们上学的时候各种设备什么的非常好，所以老师经常教我们唱歌、画画什么的，现在还记得《让我们荡起双桨》《小红帽》。而且我们那个时候也不像现在，音乐课就是音乐课，美术课就是美术课，没有老师要课。"[2]"美术课老师不仅教我们画画，还教我们审美。我现在感觉那时候课可能抽象点了，不太能接受，要像现在这样肯定能行。我记得老师让我们画带有圆圈叶子的树，那个时候哪见过那样的树啊，画不出来老师就让想象，画出来的老师就让欣赏。"[3]"我爱上音乐课，因为上音乐课放松啊，老师教的也很好，识谱、打节奏，很专业。后来我上班以后经常上台演出，这和我当年在子弟学校上音乐课的经历有很大关系。"[4]需要指出的是，关于在职工子弟教育初创

---

① ［美］约翰·杜威著：《学校与社会·明日之学校》，赵祥麟、任钟印、吴志宏译，人民教育出版社 2004 年版，第 15 页。

② 来自笔者对曾就读于某职工子弟学校的职工子弟访谈。

③ 来自笔者对曾就读于某职工子弟学校的职工子弟访谈。

④ 来自笔者对曾就读于某职工子弟学校的职工子弟访谈。

之时，职工子弟第一小学如何开展艺术教育的，相关史料鲜有记载。这也导致我们无法深入了解 Q 厂职工子弟艺术教育的全貌。但笔者在田野调查过程中听有人提到了 Q 厂的少年宫。实际上，"少年宫"是 Q 厂开展职工子弟艺术教育的重要场域，在推进 Q 厂职工子弟艺术教育中发挥了重要作用。因此，Q 厂少年宫开展过的丰富活动，尤其是涉及到职工子弟的文体活动，也可以纳入到 Q 厂职工子弟中小学重视艺术教育的分析中，这也有可能成为未来学界"单位文艺"①研究的新路向。

二、职工子弟教育改革概况与反思

一般而言，教育改革主要是为了使教育更好适应并促进社会发展而进行的变革，对社会发展具有重要影响②。从现实角度出发可以看到，当前最受关注的教育改革话题是学制改革和教材改革。在围绕这两方面话题展开田野调查后，笔者也对单位制时期国企职工子弟教育改革中的学制改革和教材改革形成了初步认识。下面，笔者将对此进行简要介绍和分析。

(一)学制改革概况与反思

有学者指出："学制是教育基本制度之首，是改革的对象之一。"③从内容上看，"学制"不仅涉及学校的性质，还涉及学生在校学习时长等诸多方面的内容。从学制改革角度来看，新中国成立之初，我国小学主要进行了"五年一贯制"改革实验。例如，教育部于 1952 年发出了《关于小学实施五年一贯制》的指示，加快了各地"五年一贯制"的推行④。1978 年以来，我国还曾进行过全日制中小学"十年制"和"十二年制"探索⑤。当前，我国中小学学制类型主要包括"五四"制、"六三"制和"九年一贯"制等⑥。单位制时期 Q 厂一直按照国

①　陈鹏、肖赛玥：《"单位意识"形塑研究——以"单位文艺"的促进作用为视角》，《哈尔滨工业大学学报(社会科学版)》2019 年第 5 期。

②　刘道玉：《教育为什么要改革?》，《高教探索》2022 年第 1 期。

③　刘磊明：《"学制"概念考辨》，《教育学报》2019 年第 2 期。

④　《中国教育年鉴》编辑部编：《中国教育年鉴(1949—1981)》，中国大百科全书出版社 1984 年版，第 129 页。

⑤　《中国教育年鉴》编辑部编：《中国教育年鉴(1949—1981)》，中国大百科全书出版社 1984 年版，第 130 页。

⑥　龚鹏飞：《新中国中小学学制改革：历程、特点与愿景》，《教育史研究》2021 年第 2 期。

家教育方针和政策设置学制类型，并且尝试进行了学制实验和改革①。

从学习过程来看，学制不仅涉及学生学习的阶段和年限划分，而且也涉及当前教育阶段与更高一级教育阶段之间衔接的时间节点。历史上，"五四"制和"六三"制等到底哪个更适合我国教育发展一直备受争议②。Q 厂曾选择了部分职工子弟学校进行了实验。据曾工作于某职工子弟学校的教师回忆："Q 厂中小学多，改革也多。我经历过的事情就是小学从五年变成六年，然后中学变成三年。……Q 厂也不是一下就都改成'六三'制了，它先选了几个学校做实验。"③需要指出的是，虽然是国企创办的职工子弟学校，但它也是在国家教育方针和政策的总体性框架下发展教育的。因此说，在研究 Q 厂职工子弟教育中的学制改革时，必须注意其学制改革是如何与国企发展和社会发展相适应的。如此一来，有关发展社会学方面的观点才能嵌入其中，并使我们围绕具体历史现象形成一定的学理反思。关于如何反思的问题，笔者认为一是应该通过社会学的视角对国企职工子弟教育中的学制改革话题加以审视。这即是说，从社会学的研究视角出发解读国企职工子弟教育中的学制改革话题时，不仅要关注它的具体改革举措有什么，而且还要关注到它为什么要进行改革。实际上，从前面的介绍和分析中我们能够看出，国家的教育方针和政策是国企职工子弟教育改革的主导因素。但在这一主导因素之外，国企职工子弟教育改革过程还将考虑到一些现实因素，例如，国企发展情况、职工子弟教育情况、职工子弟学校教师的教学情况、职工子弟的学习情况等等。有了以上认识，我们就可以很好地把国企职工子弟教育中的学制改革话题嵌入到"国家—单位—个人"④的分析框架中，深入理解学制改革对国企职工子弟教育发展、职工子弟的发展和职工子弟学校教师发展等具有的影响了；二是要从人与社会发展关系的角度出发进行反思。社会学，尤其是发展社会学经常围绕人与社会发展关系建构一些研究话题。实际上，国企职工子弟教育改革中的学制改革，不仅涉及到职工子弟学校的相关制度变革，更涉及到改革之后的学校将如何为社会发展输送人才以及输送什么样的人才问题。因此，从

---

① 最为直接的例证是前面提到的"实验小学"。

② 龚鹏飞：《新中国中小学学制改革：历程、特点与愿景》，《教育史研究》2021年第2期。

③ 来自笔者对曾就职于某职工子弟学校教师的访谈。

④ 田毅鹏、吕方：《单位社会的终结及其社会风险》，《吉林大学社会科学学报》2009年第6期。

人与社会发展关系的角度出发对此进行反思，我们将明确如何更好地借鉴那些教育改革经验，继而促使学生、教师与社会之间的关系相协调；三是从职工子弟学校学制改革中认识到场域的动态性。前面笔者曾提到过"场域变化"①这一研究视角。围绕这一研究视角，学界已经考察过很多教育话题。需要指出的是，在考察国企职工子弟教育中的学制改革话题时，应该嵌入这一研究视角。因为，学制变化必然会导致场域发生变化。因此，从场域变化视角出发，我们将看到新场域对个体和社会发展造成的影响。与此同时，通过上述影响我们也能进一步形成带有学术研究意味的理解与认识。

（二）教材改革概况与反思

教材中的内容既是教师教授知识的重要依托，又是学生学习知识的重要源头。因此说，教材改革将对教师的教学工作和学生的发展产生深刻影响。笔者在进入 CQ 高专进行田野调查的时候发现这里有很多 Q 厂职工子弟当年使用过的教材。教材内容主要与 Q 厂的生产发展有关。由此笔者想到，国企创办的职工子弟学校与其他公办类学校有所不同的是，在日常教学过程中不仅会使用一些通识课程所需教材，而且还会使用与国企自身发展需要有关的教材进行知识传授。基于此，我们便会产生这样的疑问：不同学校类型使用的教材是一致的吗，职工子弟中小学使用了哪些涉及 Q 厂生产发展的教材，在教授完相关知识后，又是如何对学生进行考核的，学习这些教材上面的知识对职工子弟发展产生了哪些影响？当然，根据现有的史料和田野调查，笔者还无法对上述问题进行回应，只能在后续的研究中加以深化了。

与此同时，笔者在田野调查过程中还了解到，在随后进行的教材改革中，Q 厂职工子弟学校开始使用国家指定教材，与 Q 厂生产发展有关的教材较少出现。需要指出的是，上面的事件是笔者在田野调查过程中听人说起的，尚无法确定其真实性。因为，这里面没有言及教材改革发生于哪一历史时期以及哪些职工子弟学校。因此，在后面的研究中仍然需要对这方面的话题持续深入挖掘。关于如何挖掘的问题，笔者认为一是应该通过更为深入的田野调查走近职工子弟学校校长、教师等主体，同他们开展深入访谈，以了解到 Q 厂职工子弟教育中的教材改革全过程；二是选择一个合适的研究视角。通过

---

① 王屹、梁晨、陈业森、李晓娟：《场域变化视角下的"双高院校"内涵建设》，《现代教育管理》2021 年第 3 期。

以上分析不难发现，如果不把教材改革这类话题置于某一研究视角之下，我们很难对其进行学理反思。因为笔者主要开展的是社会学方面的研究，所以在这里笔者认为还是应该把教材改革话题放置于教育改革与个人发展的关系框架下，以深入理解教材改革对教师和学生等主体造成的影响。

小结

本章主要以 Q 厂职工子弟教育发展过程中进行的教育工作与教育改革为切入点，对国企职工子弟教育工作与教育改革进行了简要分析。可以看到，单位制时期国企职工子弟教育中的德育、智育、体育等方面的工作经验以及学制改革和教材改革方面的做法，对于我们深入理解国企职工子弟教育阶段历程具有的重要意义。与此同时，相关话题亦有助于我们形成一定的学理反思，从而更进一步地凸显研究国企职工子弟教育工作与教育改革的意义和价值。需要提到的是，新时代国企在办学的过程中不能紧盯那些公办学校的教育教学经验，也应从更为长远的历史实践中，看到国企在教育工作和教育改革方面走过的一段路程。此外，研究者如何将已有的历史经验与当前国企办学的方式、目的和意义进行有效衔接，也是一个非常值得探讨的学术话题。

第七章　总结与反思

以上笔者尝试对单位制时期国企职工子弟教育阶段历程进行了介绍和分析。可以看到，将国企职工子弟教育发展阶段历程纳入到发展社会学语境下展开分析是何以可能的。而从目前国内外学界发展社会学的研究情况来看，既有对于社会发展状态和历程的单维关注，也有综融社会发展状态和历程展开更为深刻的剖析。受此启发，笔者接下来将从"作用""走向"和"未来研究"三个维度出发，进一步细说国企职工子弟教育的历史作用、国企职工子弟教育走向的思考、国企职工子弟的集体记忆建构以及来自整体研究过程的几点思考。

一、国企职工子弟教育的历史作用

关于国企职工子弟教育的历史作用，笔者在前面已经有所述及。在这里，笔者只是想基于 Q 厂职工子弟教育发展的阶段历程，更为具体地阐述一下单位制时期国企职工子弟教育的历史作用。

第一，单位制时期国企创办的职工子弟教育促进了国企职工子弟的知识和技术水平提升。从国企职工子弟教育与国企职工子弟发展的关系角度来看，国企职工子弟教育主要是国企单位通过职工子弟学校场域促进了国企职工子弟知识和技术水平的提升，并且较好地完成了单位意识形塑工作。而这也凸显出了国企职工子弟教育的一大特点是在引导职工子弟学习基本文化知识的基础上，进一步通过进厂观摩和其他实践类课程，不断强化职工子弟的单位意识，以增强其对国企单位的归属感和认同感。进而逐渐成为企业发展所需要的人。据有关主体回忆："我们当时还进厂参加劳动，有劳动课，每学期至少去一次。我觉得劳动课对我的影响还是很大的，尤其是让我对 Q 厂产生了很深的那种情感。也就是这个原因，后来我才回到 Q 厂工作的。"①其实，由这种实践类课程我们也能想到国企单位是如何对国企职工子弟这类"间接单位人"进行教育和管理的。对此，有人曾对笔者道："你去 CQ 高专图书馆就能看到很多我们当年上课的书，除了语文、数学和英语之外，我们也学一些和 Q 厂生产有关的知识，还到厂里面参加实践课，这是和其他公办学校不一样的地方。"②综合以上分析我们可以认为，单位制时期国企创办的职工子弟教育促进了职工子弟知识和技能水平的有效提升。

第二，单位制时期国企创办的职工子弟教育促进了工人队伍文化水平的提升。笔者在前面对职工子弟何以作为"间接单位人"的问题进行了分析和说明。质言之，职工子弟若要与国企单位之间建构起直接性的依附关系，唯有成为正式的国企职工。需要指出的是，带有福利性质的顶替接班制度和优先考虑职工子弟的隐性招工措施，为职工子弟进入国企单位成为正式国企职工提供了便利。而随着受过教育的国企职工子弟不断进入国企单位中，工人队伍的思想意识和文化水平也随之提高。为佐证这一观点，笔者引述了《当前我国工人阶级状况调查资料汇编(3)》中的有关记载："建国以后，职工的文化水平逐步提高。据 1957 年对全国工业、基本建设、运输邮电部门 994.3 万职工文化程度的调查，……小学占 59%，初中、高中、中专占 19.1%，大专占 1.2%……工人阶级的新一代的文化程度比老工人高。"③其实，根据上述调查结果以及国企职工子弟教育发展阶段历程分析我们可以推测出，当时工人队伍文化水平提升，与毕业于国企职工子弟学校的职工子弟进入国企单位有一定的关系。

第三，单位制时期国企创办的职工子弟教育促进了国企单位的发展。细言之，国企职工子弟教育不仅促进了国企单位进一步成为一个大而全、各方面功能兼备的组织，而且使国企单位内部结构愈加完整，并不断加强了对"单位人"和"间接单位人"的双重管理④。继而言之，在管理职工子弟的同时，国企职工子弟教育也使国企职工与国企单位之间的关系变得愈加紧密和稳固，

---

① 来自笔者对曾就读于某职工子弟学校的职工子弟访谈。

② 来自笔者对曾就读于某职工子弟学校的职工子弟访谈。

③ 中共中央书记处研究室理论组，中华全国总工会办公厅：《当前我国工人阶级状况调查资料汇编(3)》，中共中央党校出版社 1983 年版，第 9-10 页。

④ 与这一观点有关的论述可参考文献综述部分相关学者的论文。

或者说国企职工子弟教育增加了国企职工对国企的依赖感。进一步而言，这种"依赖感"得以形成，主要是因为职工子弟在国企单位创办的职工子弟学校中就读，减轻了职工抚养子女的压力，使他们能够全身心地投入到工作中。

第四，单位制时期国企创办的职工子弟教育不断促进了学术话题生成。其实，笔者在前面提到过两个观点，一是有关国企职工子弟教育的话题，散见于单位制研究中。二是学界已有国企职工子弟教育研究主要关注的是国企创办的职工子弟学校走向话题。由上可知，学界并没有对单位制时期国企职工子弟教育话题进行过专门考察，这也为拓展单位制研究和发展社会学研究提供了一条可行进路。需要指出的是，国家当前正大力鼓励企业办学，而这必将促使相关领域内的研究者整合现有研究，进一步聚焦于国企职工子弟教育发展阶段历程，形成更为广泛的学术话题。

以上几点陈述虽然都涉及到了国企职工子弟教育话题，但还没有深刻揭示出国企职工子弟教育的历史作用。因为，以一个国企单位为切入点不足以呈现出国企职工子弟教育历史作用的全貌。换言之，若想厘清国企职工子弟教育的历史作用，需要更为深入的田野调查、更为全面的历史考察和更为系统的学理反思。当然，由于笔者能力有限，无法在本书中将相关内容和研究思路和盘托出，只能在未来研究中对此加以深化了。

二、国企职工子弟教育走向的思考

国企职工子弟教育走向问题是学界关注的焦点。笔者前面曾援引姜润先、金唯忠等学者的论述对此加以分析和说明。需要指出的是，在考察国企职工子弟教育转型或变迁的缘由时，必须提到的一个现象是"国企家族化"①。其实，综合已有研究以及笔者关于国企职工子弟教育阶段历程地探研可以想到的是，国企家族化这一现象的形成，也与国企职工子弟学校不断助推国企职工子弟回流到国企单位有关。换言之，随着国企职工子弟教育不断发展，顶替接班制度、文化知识与国企职工子弟三者之间的联系越发紧密。如此一来，国企职工子弟回流到国企单位也就更加顺理成章。继而言之，与其说是国企通过职工子弟学校完成了对职工子弟的教育和管理，不如说是国企通过创办职工子弟教育，把很多的职工子弟塑造成为了企业发展所需的人才。可是，

---

① 田毅鹏、李珮瑶：《国企家族化与单位组织的二元化变迁》，《社会科学》2016 年第 8 期。

越来越多的职工子弟回流到国企单位中，也就容易导致国企单位出现冗员和家族化等方面的问题。对于上述问题，国内学者张翼研究的十分透彻①。而"冗员"和"家族化"问题也在一定程度上助推了国企单位发生转型、单位制日渐消解、单位人变成"原子化"的个人②。继而言之，国企职工子弟教育何去何从，也就成了国企单位转型发展之际必须认真面对和妥善解决的一个社会问题。

在前面的叙述中，笔者已然多次提到了学者们对于国企职工子弟教育发展走向问题的思考。其中，金唯忠的论述比较客观。他曾说道："今后，企业子弟学校同企业分离或企业同地方联合办学是极具可行性的两种走向。"③需要提到的是，Q厂职工子弟教育发展走向的事实验证了金唯忠的预测。根据笔者的田野调查，Q厂各职工子弟中小学现已从Q厂分离出去，Q厂职工子弟教育也已退出历史舞台。

基于以上史料和有关学者的阐述我们能够看到一些研究思路，即在考察单位制时期国企职工子弟教育阶段历程的基础上，进一步透视国企职工子弟教育发展变迁过程，继而形成关于国企职工子弟教育走向问题的深入思考。诚然，这种思考是有意义的，尤其对单位制研究而言，这是非常重要的补充。但是，这也容易导致国企职工子弟教育研究过于窄化。因为，国企职工子弟教育研究不应该仅仅涉及到单位制变迁背景下的教育发展变迁问题，还应该涉及到如何从中形成一些可以参考的、有助于学术发展和社会发展的基本经验，凸显出国企职工子弟教育阶段历程研究所具有的学术意义和社会意义。

从理论和现实两个维度出发进行意义建构有其合理性的一面，因为学术研究既需要理论对话，也需要观照现实。可是，如果仅仅关注"理论"本身，很容易使研究者在研究过程中陷入到验证西方理论是否有效的构想。因此，笔者在此以"学术意义"替代"理论意义"，主要是想把关于国企职工子弟教育方面的研究纳入到社会学、教育学和历史学等学科的分析视域中，并在华尔德、路风、李路路、田毅鹏和李汉林等学者的研究基础上，使国企职工子弟

---

① 张翼：《国有企业的家族化》，社会科学文献出版社2002年版，第82-83页。

② 田毅鹏：《转型期中国城市社会管理之痛——以社会原子化为分析视角》，《探索与争鸣》2012年第12期。

③ 金唯忠：《试论国有企业子弟学校的现状与走向》，《韶关大学学报（社会科学版）》1995年第1期。

教育成为理解我国教育现代化的重要视角。继而言之，国企职工子弟教育阶段历程研究所具有的"学术意义"，主要是指通过阐发具体的教育现象，给社会学、教育学和历史学等学科发展带来一定的引导性、反思性和批判性价值。具体而言，考察 Q 厂职工子教育阶段历程的学术意义主要体现在：一是基于既有研究成果和相关史料，在解析 Q 厂职工子弟教育发展阶段历程的过程中，使已然发生的历史与当前的现实之间形成较为紧密的时空勾连，从而促进社会学、教育学和历史学等学科话语更好地与关乎我国社会发展的典型事件相结合，并加快推进有中国特色的学术话语构建。

那么，笔者为何强调要以"社会意义"替代"现实意义"呢？主要因为"现实意义"这一提法往往容易将研究者的思域局限于已有研究对当前或未来社会发展的价值中。如此一来，相关研究所具有的"历史意义"便被忽略。最为直接的事例是，本书中所提到的国企职工子弟教育阶段历程所关注的是过去发生的事件，因此，在研究过程中不能忽视国企职工子弟教育给当时历史社会带来的影响。如果忽视了这一点，我们也就难以从具体的历史点位出发，对当前乃至未来社会的发展问题形成更为深入的思考。概而言之，笔者尝试以"社会意义"替代"现实意义"的真实用意在于"贯通古今"，阐明国企职工子弟教育阶段历程研究所具有的历史、现实和未来价值。

需要指出的是，国企职工子弟教育话题虽然成为了过去式，但还没有完全成为过去时。进一步而言，从 Q 厂这样的国企单位出发，系统总结国企办学经验，揭示国企办学对于当时社会运行和发展所产生的影响，不仅能够为新时代国企办学提供具体经验，同时，也能使新时代国企在办学过程中不断明确何以促进企业、学生、学校与社会的融合发展。

总而言之，开展任何一项研究都必须保持"学术意义"与"社会意义"的贯通性，亦即不能仅仅考察某个话题可以产生怎样的学术价值，也不能仅仅关注某个话题可以给社会发展带来怎样的影响。但要实现这一目标，作为中介桥梁的研究者必须施展好专业之长，基于具体学科视角对相关话题加以审视。如此一来，相关话题的价值也才能全面凸显出来，得到社会各界的广泛理解与认同。

三、国企职工子弟的集体记忆建构

除了教育话题外，本书还重点提到了国企职工子弟①。从学术研究的角度来看，国企职工子弟是非常重要的历史主体，应该基于多元学科视角和研究方法对其进行深入考察。在这里，笔者提出的研究思路是通过社会学学科视角和口述史研究方法，深入考察这一群体的集体记忆。

在当前的集体记忆研究中，法国社会学家哈布瓦赫往往被视为一位重量级学者。围绕哈布瓦赫所执著的集体记忆，国外学者康纳顿（Paul Connerton）形成了有关社会记忆的诸多观点②、阿斯曼（Jan Assmann）对文化记忆展开了探问③、诺拉（Pierre Nora）提出了记忆之场概念④等等。而从国内学界的研究情况来看，集体记忆虽然在新市民⑤、老西藏⑥、三线建设者⑦等群体研究中得到了广泛应用，但关于国企职工子弟集体记忆学界少有问津⑧。笔者在访谈过程中曾听到有职工子弟这样形容自己："我们不过是大时代的'小人物'"⑨。需要指出的是，他们在宏大的社会发展潮流面前确实显得很微小，但其集体记忆对于推动社会发展和有关社会发展方面研究的意义却十分重大。因为，他们的记忆叙事将为国家的宏大叙事增添一抹颜色⑩。

---

① 以下简称"职工子弟"。

② ［美］保罗·康纳顿著：《社会如何记忆》，纳日碧力戈译，上海人民出版社 2000 年版，第 9-11 页。

③ ［德］扬·阿斯曼著：《文化记忆：早期高级文化中的文字回忆和政治身份》，金寿福、黄晓晨译，北京大学出版社 2015 年版，第 32 页。

④ ［法］皮埃尔·诺拉主编：《记忆之场：法国国民意识的文化社会史》，黄艳红等译，南京大学出版社 2015 年版，第 20-25 页。

⑤ 孙海芳：《地方历史、社会记忆及身份建构——以"老西藏"群体为例》，《西藏大学学报（社会科学版）》，2019 年第 3 期。

⑥ 何威、文军：《城镇化进程中"新市民"群体的集体记忆建构与维系》，《南京农业大学学报（社会科学版）》2018 年第 4 期。

⑦ 周晓虹：《口述史、集体记忆与新中国的工业化叙事——以洛阳工业基地和贵州"三线建设"企业为例》，《学习与探索》2020 年第 7 期。

⑧ 需要指出的是，本书虽然使用了一些国企职工子弟的口述史方面的资料，却没有深挖其集体记忆。

⑨ 来自笔者对曾就读于此的职工子弟访谈。

⑩ 周晓虹：《口述史、集体记忆与新中国的工业化叙事——以洛阳工业基地和贵州"三线建设"企业为例》，《学习与探索》2020 年第 7 期。

其实，从现有研究情况来看，解析集体记忆的关键之一是要弄清楚叙事者是以何种方式进行集体记忆建构的[①]，故而需要明确相关主体的集体记忆建构过程。而如果想要明确国企职工子弟集体记忆建构过程，则需要在理清与国企职工子弟集体记忆相关的"场域"基础上，进一步对"身份"与集体记忆建构关系展开分析。可是，从前面的叙述来看，由于经历过各类职工子弟学校场域的塑造，国企职工子弟的身份进一步得到了强化，符号意味渐浓。对此，笔者基于田野调查而来的国企职工子弟记忆叙事和社会学分析逻辑，总结出了"符号性身份"概念，以尝试进一步对国企职工子弟的集体记忆建构逻辑展开分析。接下来，笔者将继续阐释符号的社会学意蕴与"符号性身份"的意涵问题。

如果仅从社会学视角出发解析符号的社会学意蕴问题，必先提及西美尔（Georg Simmel）对形式社会学展开的探讨[②]。循着西美尔的论述，我们不难发现"社会"具有的符号色彩。西美尔之后，在米德[③]（George Herbert Mead）、戈夫曼[④]（Erving Goffman）等学者的努力下，"符号"日渐成为分析不同主体之间互动现象的重要机制[⑤]和社会学研究中高频出现的语词。承前所述，我们大致可以归纳出三种"符号"意蕴：一是将社会互动和交往过程进行形式化概括，使之从具体层面上升为抽象层面。例如，西美尔关于"二人互动论"的研究[⑥]；二是基于互动论视角形成的关于符号的主观定义和互动结构解析，较有代表性的学者是"符号互动论"（Symbolic Interactionism）的定名者——布鲁默[⑦]；三是关注符号与不同主体之间的显隐关系。例如，鲍德里亚（Jean

---

[①]　周晓虹：《口述历史与集体记忆的社会建构》，《天津社会科学》2020 年第 4 期。

[②]　[德]盖奥尔格·西美尔著：《社会学》，林荣远译，华夏出版社 2002 年版，第 52 页。

[③]　[美]乔治·H·米德著：《心灵、自我与社会》，赵月瑟译，上海译文出版社 1992 年版，第 240-245 页。

[④]　[美]欧文·戈夫曼著：《污名——受损身份管理札记》，朱立宏译，商务印书馆 2009 年版，第 10 页。

[⑤]　何静：《心智与符号的具身性根基——从米德的符号互动理论看》，《西北师大学报（社会科学版）》2019 年第 6 期。

[⑥]　王春林：《青年志愿者互动现象解析：以"二人互动论"为分析框架》，《中国志愿服务研究》2021 年第 1 期。

[⑦]　陈敬国：《人作为互动的存在：试析布鲁默符号互动主义的社会内涵》，《清华社会学评论》2020 年第 1 期。

Baudrillard)在《符号政治经济学批判》一书中进行的相关阐解①。综上可见，社会学语境之下的"符号"既具有一定主观意义，同时也具有一定的现实指向。

以上学者的观点对于我们理解国企职工子弟身份具有重要借鉴意义。具体来说，引入上述学者的研究论断和分析逻辑，能够逐渐将有关国企职工子弟这类身份的符号分析，限定到社会学的研究框架内。这样一来，将避免相关分析演变成抽象思辨式的逻辑解读。应该看到的是，国企职工子弟是带有一定抽象性的"符号性身份"，这即是说在解读此身份之下主体的记忆时，可以围绕"谁们的记忆"而不仅仅是"谁的记忆"进行社会学分析。继而言之，本研究在使用"符号性身份"一词的过程中，更加倾向于对某一群体不同身份的共性符号指代。虽然，这将可能使国企职工子弟身份变得复杂化和抽象化，但应该看到的是，以"符号性身份"进一步概括国企职工子弟这种具体身份，能够从相对宏观的高度说明"身份"是如何影响集体记忆建构的。在此需要提到的是，身份与记忆关系的研究，本研究并非先例。哈布瓦赫在由"法官的观念"引发的回忆②和拉卡普拉（Dominick Lacapra）等在创伤、历史、记忆和身份的关系分析中就已经有所指③，只是未能进一步从具有概括性的"身份"角度出发对相关问题进一步深化。总的来说，哈布瓦赫和拉卡普拉一个重在解读"头衔"，一个重在理清"创伤者"这样的具体身份与集体记忆建构之间的关系。诚然，从具体身份出发解读集体记忆是非常重要的。但是，阐解集体记忆建构的逻辑，应该从较为宏观的层面出发对具体身份进行提炼和概括，如此才有望提高相关逻辑的应用性和解释力。

行文至此，我们还要分析的一个问题是国企职工子弟这一身份是被概念化了，还是被观念化了？如果是被"概念化"了，那么就会有明确的概念界定。而如果是被"观念化"了，那么，国企职工子弟主要是存在于人们脑海之中，未经任何学术加工的语词。其实，从前面的有关论述能够看到，因为，学界很少对国企职工子弟或"职工子弟"身份进行界定。本研究称其为"间接单位

---

① 孙云霏：《符号与象征的限度——对鲍德里亚＜符号政治经济学批判＞的批判性考察》，《中国图书评论》2020 年第 12 期。

② ［法］莫里斯·哈布瓦赫著：《论集体记忆》，毕然、郭金华译，上海人民出版社 2002 年版，第 300 页。

③ ［美］多米尼克·拉卡普拉、李娟、陈新：《未尽的话题：论创伤、历史、记忆和身份的关系》，《社会科学战线》2020 年第 8 期。

人"后，国企职工子弟也从模糊化观念逐渐变成了一个明确化的概念。分析上述问题的意义在于使我们弄清楚某些身份，尤其是具有历史性的身份的来龙去脉，以避免在研究中出现"身份"和"记忆"分化的叙事格局。

立足当下回忆过去种种身份的过程中，最容易产生的疑问和话语是："我曾经是谁？"这其中蕴含着相关主体对自己过去曾经扮演过的社会角色的具体回忆。因为，人们的身份记忆往往是被具体历史时空所限定的。所以，在探问"我曾经是谁"这类问题的时候，应该重点考察在历史框架之中的"我"的角色和位置。从相关访谈来看，当提及"我们是××厂的职工子弟"时，国企职工子弟的记忆叙事主要是围绕曾经拥有过的一个"符号性身份"和一个与该身份同符合契的场域展开的。例如，有人曾回忆道："我们作为职工子弟，能在Q厂职工子弟小学和中学就读，和我们的父母在Q厂工作有关。那个时候，如果父母有一方在Q厂这样的单位上班，孩子们都能借光到Q厂创办的子弟学校读书。……那个时候，家长和老师基本都认识，因为像我的老师，以前就是和我父亲在一起上班的，后来进入子弟学校教书的。（所以），你一说'子弟'，我就想起来那个时候我们在校园里听老师讲课，放学后和同学们一起玩闹的场景。"[1]"你说的这个子弟身份吧，能想起的事可就多了。这里边记得最清楚的，就是当时给子弟学校念书。因为啥呢，我们当时就是因为是子弟，所以就能在Q厂职工子弟学校念书，那个时候老师呀、校园呀、同学呀啥的都挺好的。当然啦，就像你说的，这是我们作为职工子弟的福利吧。"[2]

通过上面的记忆叙事我们可以看到，相关主体主要是通过国企职工子弟身份进行了记忆建构。前面笔者也论述了国企职工子弟学校场域与国企职工子弟身份之间的关系。进一步而言，研究对象回忆与国企职工子弟身份有关的事件时，存在着一个由"身份"确定到"记忆"建构的关系逻辑。但这一逻辑并不完全是"身份"与"记忆"间的简单互构。依照前面的分析，在"身份"与"记忆"之间还存在一个要素——"场域"。如此一来就会形成一个"身份—场域—记忆"的集体记忆建构谱系。需要说明的是，在这一谱系之中，"身份"不一定是明确存在的。换言之，"身份"有时候在集体记忆建构的过程中，可能处于

---

① 来自笔者对曾就读于某职工子弟学校的职工子弟访谈。

② 来自笔者对曾就读于某职工子弟学校的职工子弟访谈。

一种隐性的位置。那么，国企职工子弟在建构集体记忆时，都有哪些隐性的身份指代呢？解析上述问题，还需要引入几段记忆文本："我们在学校的时候，还是比较充实的。因为，那个时候的子弟学校比较有钱，操场、绿化和师资都比较好。有的老师还是大学毕业生，我那个时候对大学比较向往。所以，老师讲课的时候，我比较认真"[①]；"我们参加的活动很多，所以同学们之间经常联系。一次，我们开晚会，节目练习得很晚，但是，大家都没有什么怨言。老师也说我们很有集体精神。"[②]"我们是子弟，所以就在子弟学校就近念书。很多事情呢，想起来还是比较有想头。尤其是我们一起劳动的时候，大家干的热火朝天的。"[③]以上记忆中出现了一个相同的主语——我们。其实，"我们"凸显出了国企职工子弟回忆和言说的是两个及以上相关主体的同质性经历。这种同质性经历，恰恰是国企职工子弟以共性身份触及相关场域产生的集体记忆。由此而言，"我们"也可以作为一种隐性的"符号性身份"主导集体记忆建构。而这也启示我们在解析"符号性身份"与集体记忆建构关系的过程中，不仅仅要对具体的历史事件进行解构，更要对"我们"进行说明。因为只有这样，才能够突破国企职工子弟身份时而在记忆文本中"虚化"，时而在记忆叙事中明确真实的问题。与此同时，这也有助于我们进一步探问"符号性身份"作为集体记忆建构支点是何以可能的。

总的来说，国企职工子弟这一"符号性身份"主要有概括性、社会性、集体性合历史性等面特征。具体来说，一是国企职工子弟身份具有概括性。所谓的"概括性"，主要是指国企职工子弟概括了与国企单位间接相关的一类主体。所以，在使用国企职工子弟这样的身份进行分析时，相关论述也将具有总体性特征；二是国企职工子弟身份具有社会性。所谓的"社会性"，主要是指国企职工子弟这样一种身份与国企单位及其创办的职工子弟学校具有一定的相关性。从学术研究的角度出发，这种相关性不仅包括相同身份的主体在互动过程中推动具体场域运转的方式，而且还包括身份可以作为一种资本，嵌入到场域内部推动的运转。如此一来，国企职工子弟身份就因为上述关系色彩而具有一定的"社会性"；三是国企职工子弟身份具有集体性。所谓的"集

---

① 来自笔者对曾就读于某职工子弟学校的职工子弟访谈。

② 来自笔者对曾就读于某职工子弟学校的职工子弟访谈。

③ 来自笔者对曾就读于某职工子弟学校的职工子弟访谈。

体性"，主要是指国企职工子弟身份是对一个群体的总称。综合国企职工子弟回忆[①]可以看到，国企职工子弟这一身份更多的是对与国企单位间接相关的、与国企职工直接相关的群体的一种符号称谓；四是国企职工子弟身份具有历史性。所谓的"历史性"，主要是指国企职工子弟这样一种身份也与一定的历史时期有关。梳理文献过程中，笔者提到了单位制这样一种历史分期和"间接单位人"这样一种身份。这足够说明国企职工子弟身份具有"历史性"特征。由此可见，"符号性身份"不仅可以是概述具体身份的抽象名词，而且还可以是唤醒人们记忆的一个重要支点。例如，在集体记忆建构的过程中，国企职工子弟往往是将自己的"身体"定位到作为记忆发生器的"场域"后，才进一步围绕国企职工子弟这一"符号性身份"展开回忆和言说的。如此一来，前面提到的"身体—场域—身份"记忆生成谱系的合理性就再次得到了验证。与此同时，我们也能看到"场域"的作用在于居中连接"身体"和"身份"，使"身体"和"身份"在集体记忆建构过程中不断发生相互作用。下面，笔者将基于"身体—场域—身份"记忆生成谱系，深入解析国企职工子弟的身份记忆形成逻辑以及"符号性身份"与记忆建构两个问题。

前面已经对"身体—场域—身份"逻辑谱系之下的国企职工子弟"记忆建构过程进行了简要说明。可以看到，国企职工子弟这类"符号性身份"是促使国企职工子弟记忆具体化的一个重要支点。例如在访谈中，当被问及"作为国企职工子弟，你是如何看待Q厂创办的职工子弟学校的"时，有人说道："我们都是Q厂的职工子弟，所以在子弟学校学习很值得回忆。这么说吧，在职工子弟学校里面不但有比较要好的同学，还有一些非常难忘的经历。你比如说在那个时候，我们一起参加合唱比赛什么的。"[②]"（作为职工子弟真的非常好！你是不知道，）在当时子弟学校的校园、教具、师资力量等都是比较不错的，……由于是企业拨教育经费，教学条件比较好。例如化学实验室、物理实验室、生物课上公鸡、小白鼠、青蛙的解剖、体育课上球类和冰刀等器材都是许多学校不具备条件的。而且还有民族乐器，西洋乐器的乐队。Q厂的子弟，单位出个证明，家庭困难可以免除学杂费，社会招生不可以。"[③]"职工子弟在

---

① 参见"回忆与研究展望"中的记忆文本。

② 来自笔者对曾就读于某职工子弟学校的职工子弟访谈。

③ 来自笔者对曾就读于某职工子弟学校的职工子弟访谈。

Q 厂创办的中小学读书是非常值得回忆的。我们上学的时候老师认真负责，互相比赛学习，非常难忘"①。综合这些访谈资料笔者形成了如下几点认识：(1)国企职工子弟身份很容易引发相关主体回忆起当年在职工子弟学校场域中的点点滴滴。这一点，上述其他回忆文本和访谈也可以证实；(2)国企职工子弟在回忆和言说时运用最多的主语是"我们"。对此，笔者的分析是因为职工子弟在一个固定的场域之中交往和互动结成了一个"共同体"②。于是，他们便自觉将"我"纳入到了具有概括性、社会性、集体性和历史性的国企职工子弟身份中，并以此为支点进行集体记忆建构；(3)Q 厂创办的职工子弟学校以及 Q 厂这样的国企单位等场域，也会直接或间接地影响到国企职工子弟对相关场域和身份的认同。实际上，从研究对象以"我们"国企职工子弟等身份进行回忆的做法中，我们还会想到"符号性身份"唤起人的记忆是如何可能的。这即是说，"符号性身份"是回忆者进行集体记忆建构的一个重要支点。而之所以称其为"支点"，主要原因"符号性身份"能够让回忆者进入到具体的记忆之场中进行思维发散。例如，通过国企职工子弟这一"符号性身份"，相关主体很容易回想起在"城市""国企职工子弟小学""国企职工子弟中学"等场域中的点点滴滴。这启示我们，有时候可以将"符号性身份"作为支点去研究有关集体记忆的相关问题，尤其是相同身份下的个体记忆与集体记忆关系问题。那么，具体又该如何操作呢？

首先，应该对"符号性身份"进行系统归类。具体而言，应该对相关主体在不同时期的各种"符号性身份"进行归类。归类的目的在于确定回忆者有多少种身份，为后面开展场域、身份与集体记忆建构研究奠定基础。

其次，应该基于"符号性身份"进行准确定位。其实，前面笔者提到的"国企职工"国企职工子弟都是非常典型的"符号性身份"。实际上，"符号性身份"能使回忆的主体找到具体言说的历史位置。从现有研究来看，威利斯提到的"家伙们"在校园中的经历③以及塞沙斯(Peter Seixas)讲述的"关于历史教师汤

---

① 来自笔者对曾就读于某职工子弟学校的职工子弟访谈。

② ［德］斐迪南·滕尼斯：《共同体与社会——纯粹社会学的基本概念》，张巍卓译，商务印书馆 2019 年版，第 87 页。

③ ［英］保罗·威利斯著：《学做工：工人阶级子弟为何继承父业》，秘舒、凌旻华译，译林出版社 2013 年版，第 13-34 页。

姆·克里克的杜撰故事"①等都提到了"身份"与"位置"之间的关系。其中，身份分别为"家伙们"和"历史教师"，而位置则是"学校"。所以，在以"符号性身份"作为支点去研究有关集体记忆建构的相关问题时，应该看到"符号性身份"能使回忆的主体落到哪一具体场域之中。在此需要指出的是，在记忆建构过程中，场域可能是明确的，也可能是模糊的。之所以说场域可能是明确的，主要是因为个体能够通过一种"符号性身份"进入到相关场域中，并在短时间内回忆起一些重要的经历。之所以说场域可能是模糊的，主要是因为有时候个体在回忆的过程中，因为某些因素而无法短时期内回想起，甚至是不愿回想起具体的经历，如此一来就将就将出现场域模糊和"记忆搁浅"的情况出现。

尽可能地让回忆的主体通过"符号性身份"进入到明确的场域"位置"十分关键。这不但有助于逼近历史的真相，确保记忆真实，而且还能够为研究工作的顺利开展提供保障②。因此说，理解记忆必须对记忆进行定位，让相关主体能够回到一个带有群体性质的精确点位上。如此一来，我们也才能置于回忆主体的位置，并沿着其话语和思绪进行考察，从而逼近历史的真相。

可是，对于如何在实操的过程中有效避免"记忆失真"的问题，当前学界仍然没有找到有效的良策。我们在此也只能继续"老调重弹"：要运用适当的语词引导相关主体说真话；要注意观察相关主体说话时的状态、神情；要通过相关史料验证相关主体叙事的真实性……但是，笔者在田野调查中的切身体会是，这些看起来似乎能够奏效的方法，其实并不完全适用。因为，我们无法回避两个直观的问题是"谁的记忆"和"谁在言说"。进一步而言，回忆和言说的主体都是具有主观能动性的。他们在讲述相关经历时，很有可能会进行一些主观加工，例如，故意忽略掉一些重要的细节。如此一来，便容易导致"记忆失真"的情况发生。基于以上问题，笔者认为，逼近历史的真相避免"记忆失真"可以采取的方法是，尽可能地让相关主体在回忆的过程中，通过

---

① ［加］彼得·塞沙斯：《历史与学校——论传授和学习历史过程中意图与偶然的关系》，载［德］哈拉尔德·韦尔策编：《社会记忆：历史、回忆、传承》，季斌、王立君、白锡堃译，北京大学出版社2007年版，第148页。

② ［法］莫里斯·哈布瓦赫著：《论集体记忆》，毕然、郭金华译，上海人民出版社2002年版，第93页。

"符号性身份"抵达明确的"位置"之上。

承前所述，与国企职工子弟记忆有关的场域主要是"国企职工子弟学校""农村""宏观社会"等等。其中，"国企职工子弟学校"既是集中具有国企职工子弟身份主体的重要场域，更是研究国企职工子弟教育不可或缺的场域。基于此，我们便可以深思国企职工子弟在国企职工子弟学校经历了怎样刻骨铭心的事件、探问国企职工子弟学校的历史作用、分析国企职工子弟对国企职工子弟学校的印象等具体问题。这样一来，"身体—场域—身份"的记忆建构逻辑也将得到具体的应用。以 Q 厂为例。Q 厂对其职工子弟记忆的建构产生了一定的影响。其实，这种影响得以产生主要因为"国企单位—职工子弟中学—国企职工子弟""国企单位—国企职工家庭—国企职工子弟"等谱系之下的场域与个体之间关系的建立与维持。

最后，应该对"符号性身份"下的主体经历进行解构。从实操层面来看，当引导相关主体通过"符号性身份"进入到相应的场域后，研究者就要依照相关理论框架对其经历进行解构。当然，解构不是将为了将相关主体讲述的故事进行简单归类或按照时间进行定序，而是要经过学理化反思使相关主体的人生经历成为一个被反思的对象。需要指出的是，"反思"离不开相关主体自身对其人生经历的反思，更离不开研究者从其学科领域、相关主体经历和社会发展需要出发，"保持一种批判性的审视态度"[1]。在这样的认识下，笔者前面曾尝试引入"场域"和"集体记忆"两个术语对国企职工子弟的记忆叙事进行解读。可以看到，经过学术话语加工，国企职工子弟的集体记忆不仅具备了一定的学理性，也具备了一定的反思性。那么，笔者都反思了什么呢？一是反思了集体记忆建构的逻辑理路。其实，国企职工子弟在建构集体记忆时，并不是直接想起一些经历，而是通过国企职工子弟这样的身份，进入到国企职工子弟学校等场域后再进行回忆和言说的。由此出发，笔者反思了一些关于通过"符号性身份"进入到场域中进行集体记忆建构的研究思路；二是反思了何以研究集体记忆的问题。以上分析使我们看到了身份和场域两个要素在集体记忆建构过程中的重要作用。其中，场域能够使记忆明确化，而身份则能够使相关主体在不断理清相关场域内各种关系的过程中，促进自身记忆具体化。总而言之，身份作为集体记忆研究的一个重要支点，不但可以让相关

---

① 文军：《反思社会学与社会学的反思》，《社会科学研究》2003 年第 1 期。

主体重回具体的记忆之场进行思维上的发散，而且也能使我们捕捉到一些有价值的信息，更好地理解个体或集体亲历过的时代与社会。此外，回看整个国企职工子弟集体记忆研究设想，笔者还反思到在研究集体记忆的过程中，如何嵌入具体学科理论，增强集体记忆研究的学理性问题。对此，"记忆研究只有跟文化社会学和历史社会学进行结合才能走向更好的未来"[①]一言极具启示性。进一步地说，历史社会学研究与记忆研究结合的关键在于如何将历史学所提倡的"时间序列叙事"、社会学研究中所固有的"结构/机制叙事"与记忆研究中的"时间—事件"维度有机结合[②]，而这则需要研究者们不断超越个体与集体、传统与现在的争论，重新审视集体记忆研究的方式、目的及意义。

除了符号性外，国企职工子弟身份还具有时间性特征。在前面，笔者重点阐释了"符号性身份"与集体记忆建构的相关问题。其实，国企职工子弟这样的身份，如同哈布瓦赫频繁提到的"名字"[③]，除了可以作为与回忆者行动有关的符号标志外，还能成为其在不同时期的代名词。故而，笔者将在"符号性身份"的基础上，嵌入"时间"的社会学分析，并进一步以"时间性身份"为中轴，细化国企职工子弟的集体记忆建构的有关问题。

在《时间社会学》一书中，哈萨德（John Hassard）根据时间的种种意象及其隐意，提出了应将时间与社会的分析视作一种研究框架[④]的观点。此外，古尔维奇（Georges Gurvitch）在从社会学视角出发，将"时间"一词"界定为以非连续性的相继而持续存在，以及在各种异质性时刻的连续中展开变化的集中和发散的运动"[⑤]时，提到的社会学和哲学语境下的"时间"分野问题能给我们以足够的启示。循着哈萨德和古尔维奇等学者的观点，我们很容易形成的一个直观认识是，在进行有关"时间社会学"研究时，应该建构起社会学、时间和社会生活之间的关联，着重"检视时间与社会生活的具体关联为何，这样才

---

① 钱力成：《记忆研究的未来：文化和历史社会学的联结》，《南京社会科学》2020年第3期。

② 赵鼎新：《什么是历史社会学？》，《中国政治学》2019年第2期。

③ ［法］莫里斯·哈布瓦赫著：《论集体记忆》，毕然、郭金华译，上海人民出版社2002年版，第123-125页。

④ ［英］约翰·哈萨德：《导论：关于时间的社会学研究》，载［英］约翰·哈萨德编：《时间社会学》，朱红文、李捷译，北京师范大学出版社2009年版，第16-18页。

⑤ ［法］乔治斯·古尔维奇：《时间的问题》，载［英］约翰·哈萨德编：《时间社会学》，朱红文、李捷译，北京师范大学出版社2009年版，第20页。

能恰如其分地提出一种社会学探讨时间的研究取径更有建设性地对时间进行社会学研究"①。综上所言,"时间社会学"研究逻辑的出发点应为理清时间的社会学意蕴,亦即"时间"到底与具体的社会生活和社会学学科之间形成了怎样的关联,又是如何构建起社会学学科和社会发展之间联系的,而不是只关注如何围绕"时间"的语义进行抽象的概念建构和逻辑阐释。承前所述,实现上述目的之关键在于如何保持"理论"和"经验"之间的统一。

关于以上提到的基于社会学研究视角探问"时间"的意义问题,学界主要关注的是"时间"与社会发展和学科发展之间的关系。早在 20 世纪 90 年代,景天魁就曾提出:"时空特性是研究社会发展的重要维度,社会时间和社会空间概念是建构社会理论的核心。"②而赵鼎新则指出:"树立具有中国特色的时间本体论是发展具有中国特色的社会科学的一个方向。"③综合景天魁和赵鼎新的分析,我们可以这样认为,"时间"往往是与"空间"并存的,且经常与社会发展和社会科学发展等议题相融合在一起。因此,基于社会学研究视角检视"时间"的意义时,应确保"学术意义"与"社会意义"的贯通性。亦即应该在增强"时间"研究的学理性色彩的同时,使有关"时间"的社会学研究能够为社会的发展、社会学的发展以及有中国特色的社会科学体系构建带来一定的反思和借鉴。

在本研究中,笔者深入反思了"时间"在国企职工子弟集体记忆建构过程中扮演了怎样的角色,我们又该如何以"时间"为出发点,探问集体记忆研究的社会学意义等问题。又因为目前学界缺乏对于"集体记忆"和"时间社会学"二者之间关系的深入考察,因此,考察上述问题必先弄清楚"时间"的存在形式和"时间"的应用方式等具体问题。

其实,从存在形式上看,主要可以将集体记忆建构过程中的"时间"进一步划分为"横向时间"和"纵向时间"(如图 7-1 所示)。"横向时间"主要指的是同一时间点位上的人物和事件关系的集合。"纵向时间"主要指的是"过去—现在—未来"时间轴线上人物和事件关系的集合。"纵向时间"又可以进一步划分

---

① 郑作彧著:《社会的时间:形成、变迁与问题》,社会科学文献出版社 2018 年版,第 223-224 页。

② 景天魁:《中国社会发展的时空结构》,《社会学研究》1999 年第 6 期。

③ 赵鼎新:《时间、时间性与智慧:历史社会学的真谛》,《社会学评论》2019 年第 1 期。

为"过去时间"和"未来时间"。那么，本研究所要研究的时间点在哪里呢？按照图 7-1 所示，"横向时间"和"纵向时间"的交汇点，就是本研究所应瞄准的一个大致的时间节点。需要说明的是，只有确定了研究的时间节点，我们才能横向延伸出一些具体的事件和人物关系，并构建出"过去横向时空"，亦即集体记忆的真实场域。

整体来看，基于"横向时间"，我们主要可以对一些具有不同性质的事件进行归纳和总结。而基于"纵向时间"，我们既可以对过去发生的事件进行反思、对未发生的事件进行预测，也可以通过构建过去和未来之间的关系[1]，形成一种反思性的研究视域，以加深人们对于集体记忆的理解。

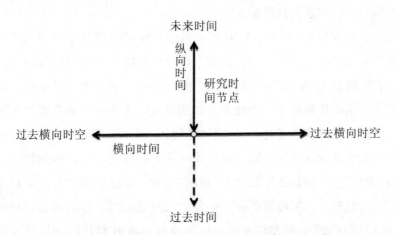

图 7-1 过去时间与未来时间与集体记忆研究时空形成

综上所言，在涉及集体记忆的研究中，"时间"和"空间"并不是两个完全独立的个体，它们之间存在着必然性关联。对此，我们还可以从哈布瓦赫的叙述中找到一些"证言"。例如，他在论述"过去的重建"时曾说道："尽管我们可能确信，我们不愿意重温过去的整个生活，但我们也仍然拥有一种基于记忆的幻想"[2]。其中，我们"重温过去的整个生活"，恰恰是立足于今时之场域而进行的"怀古"。所以，在集体记忆建构的过程中，"时间"和"空间"必然一体发生转换，即从当前时空转向过去时空。也正

---

① ［英］安东尼·吉登斯著：《现代性的后果》，田禾译，译林出版社 2000 年版，第 14 页。

② ［法］莫里斯·哈布瓦赫著：《论集体记忆》，毕然、郭金华译，上海人民出版社 2002 年版，第 85 页。

是基于这样的一种认识，笔者也才得以想见划定集体记忆时空，在集体记忆建构研究中的重要性。

可是，有一个棘手的问题摆在笔者的面前——虽然，我们大致上可以依照"符号性身份"和"身体—场域—身份"的集体记忆研究逻辑进行记忆的定位，但是，在定位的过程中如何确保主体、时间和空间三者的统一？如果三者无法达到统一，那么就会造成研究对象、群体规模、研究边界和议题的"模糊化"。诚然，哈布瓦赫有关"记忆的定位"①方面的论述有一定的借鉴意义，但这种偏重逻辑而缺乏经验性的分析还是未能进一步叩开集体记忆研究之门。因为，哈布瓦赫的论述缺乏对"时间"本身的直接关注。如是观之，理清集体记忆中的"时间"问题何其重要。

笔者在前面提到了"符号性身份"，并尝试解读了以"符号性身份"为支点进行集体记忆建构是何以可能的。其实，"时间性身份"与"符号性身份"类似的是，它们同属于"身份"的不同侧面，使"身份"在国企职工子弟的集体记忆建构研究中不断地被细化。在此需要说明的是，本节不仅要尝试说明什么是"时间性身份"，而且还要进一步说明"时间性身份"与符号性身份"之间的关系，以强化本研究章节及议题之间的关联度。质言之，所谓"时间性身份"主要是指"身份"这一要素之中隐含着"时间"维度。也正因为如此，我们才能以"身份"为时间节点，精确划定研究对象的"记忆时空"。承前所述，我们可以看到"时间性身份"的两方面意涵：一是身份具有时间性，二是身份具有空间性。

首先，身份是具有时间性的。诺拉曾有过相关表述②。在前面的论述中，笔者一直在强调国企职工子弟是一个历史性身份，可以作为国企职工子弟进入具体场域内进行回忆的支点。因此可以认为，国企职工子弟是在通过某种身份复兴自己的历史。那么，身体既然与历史有关，其中必然存在时间这一要素。因此，围绕身份进行集体记忆建构时，必然会在"身体—场域—身份"谱系的基础上，进一步形成"身份—时间—事件"的具体谱系。如此一来，研

---

① ［法］莫里斯·哈布瓦赫著：《论集体记忆》，毕然、郭金华译，上海人民出版社 2002 年版，第 94 页。

② ［法］皮埃尔·诺拉主编：《记忆之场：法国国民意识的文化社会史》，黄艳红等译，南京大学出版社 2015 年版，第 15 页。

究对象就能把一些具体的时间性事件说出来。

其次，身份具有空间性。前面笔者在论析"符号性身份"与集体记忆建构的有关问题时，曾提到回忆者可以通过国企职工子弟这样具体的"符号性身份"进入到记忆之场中，进行思维上的发散，促进集体记忆的建构。由上论可知，除了"时间性"外，"身份"还具有"空间性"。这种"空间性"并非指"身份"本身是一个"空间"，而是说通过回忆者可以通过一些"身份"进入到一个"空间"之中进行回忆和言说。于是，结合前面关于身份具有"时间性"的相关分析，可以进一步推论出身份具有"时空性"。这也再次说明了在集体记忆建构的研究中，"身份"与"场域"相对应的重要性。

结合以上有关"时间性身份"的细化分析可以进一步总结到，作为集体记忆支点的"符号性身份"主要是身份的一个概括形式。而在集体记忆建构研究中，"时间性身份"是使研究对象得以更进一步地进入到具体记忆时空的关键形式。我们由此能够想见，"身份"不仅仅是一种"符号"指代，更具有深刻的"时间"蕴含。而以具有"时间性"特质的身份划定记忆时空的重要意义在于，廓清了研究的边界，使研究的主体和问题更为聚焦。需要说明的是，在深入探问"记忆时空"中的主体、时间和事件等关系时，既要从纵向的时空维度出发，考察研究对象何以立足现在对过去进行重构及反思。也要从横向的时空维度出发，看研究对象将自己放置于什么样的记忆之场中进行回忆、言说和反思①。总之，从"横向"和"纵向"两个时空维度出发进行集体记忆的挖掘，能够确保研究对象展现出真实且具有实证性的记忆话语。

从以上关于"时间性身份"的解析可以看到，所谓的"时间性身份"其实主要是笔者基于国企职工子弟的记忆叙事析出的一个研究维度。同前面提到的"符号性身份"一样，"时间性身份"也可以成为集体记忆研究的工具。而透过"时间性身份"我们能发现时间并不完全浮于表象，它也会隐藏于身份之中，并促进集体记忆的建构。当然，这些都是本研究已经完成的一些工作。

在未来，"时间性身份"一是应该进入到更多个人和群体的记忆分析之中，为那些无法确定时间断线和无法划定记忆时空的集体记忆提供研究思路。例如，在研究"西部计划"志愿者的集体记忆时，就可以运用"时间性身份"，主

---

① ［法］莫里斯·哈布瓦赫著：《论集体记忆》，毕然、郭金华译，上海人民出版社 2002 年版，第107 页。

要是因为他们进入基层的时间大致相同，但离开基层时间不一。所以，可以先通过"时间性身份"构筑一个集体记忆时空，再对同一年份进入同一场域的"西部计划"志愿者集体记忆建构等方面的问题展开研究。

二是应该成为社会学研究的一个反思点位。尤其是在实际研究中，需要反思何以引入哲学家们有关"时间"和"时间性"的分析，以进一步丰富"时间性身份"的意涵，并提升"时间性身份"的应用性和解释力的问题。虽然，笔者在前面引入了埃利亚斯的相关论断，为切断哲学家有关"时间"的分析，提供了一些证言。但不容否的是，哲学家们在早社会学家之前，就已经对"时间""时间性""时空""空间性"等语词展开了细密的探索。例如，在《存在与时间》中海德格尔（Martin Heidegger）就曾写道："虽然'时间性'这个词所意谓的东西与'时空'这种说法中所领会为'时间'的那种东西不是一码事，但空间性却似乎也像时间性一样构成了此在的一种相应的基本规定性。"①因此，将这类哲学分析引入到"时间性身份"与集体记忆建构的研究中不仅是合适的，而且是必要的。吉登斯有言："如果社会科学实践者们不直接引入哲学问题，那么社会科学将丧失自己的方向。"②当然，引入哲学分析或者哲学的叙事逻辑并不是为了让社会学回到哲学或者成为哲学的附庸，而是为了提升社会学语境之下集体记忆分析的概括性、逻辑性和解释力。

三是成为打通"集体记忆"与"历史"之间的藩篱的中介桥梁。诺拉、诺维克、阿斯曼等学者曾多次指出哈布瓦赫关于集体记忆的研究具有"反历史"的意味。例如，阿斯曼有言："对哈布瓦赫来说，'历史'的运作方式恰好与集体记忆相反。"③事实上，对于哈布瓦赫将历史和记忆加以对立的观点正确与否我们实难做出评判。因为，我们不是哈布瓦赫，也无法成为哈布瓦赫。因此，只能说在集体记忆研究的过程中，不应该简单地将历史和记忆加以对立。诺拉曾围绕这一点进行过较为深入的阐解④。承前所述，笔者想要阐述的是，应

---

① ［德］马丁·海德格尔著：《存在与时间（修订本）》，陈嘉映、王庆节译，生活·读书·新知三联书店 2014 年版，第 416 页。

② ［英］安东尼·吉登斯著：《社会的构成》，李康、李猛译，三联书店 1998 年版，第 36 页。

③ ［德］扬·阿斯曼著：《文化记忆：早期高级文化中的文字回忆和政治身份》，金寿福、黄晓晨译，北京大学出版社 2015 年版，第 35 页。

④ ［法］皮埃尔·诺拉主编：《记忆之场：法国国民意识的文化社会史》，黄艳红等译，南京大学出版社 2015 年版，第 12 页。

该尝试通过"时间性身份"弥合记忆和历史之间的鸿沟，避免二者之间的关系发生扭曲、断裂或异变。

综上所述，"时间性身份"不仅能够为我们解析集体记忆提供一个切入点，而且还能触发我们对未来相近群体的记忆问题进行更为系统的反思。需要指出的是，笔者之所以在文中一再强调要把有关记忆的研究引向更为长远的未来时空，是因为如果循环往复地对"记忆什么"和"怎么记忆的"进行叙述，往往容易因过多注重概念建构和故事解构而受到批判。其实，避免上述情况出现的关键在于通过学理化反思以及现实意义的探求①，不断超越所研究的集体记忆本身。

继而言之，用社会学的思维方式反思集体记忆，对于集体记忆研究的深入开展、社会学学科的发展和社会的发展都有非常重要的借鉴意义。以国企职工子弟在职工子弟学校就读期间的集体记忆为例。

首先，以国企职工子弟在职工子弟学校就读期间的集体记忆是非常好的经验素材。当前，国内学界正努力通过中国群体的集体记忆，建构有中国特色的集体记忆研究逻辑。而在本书中，笔者介绍了很多国企职工子弟围绕职工子弟学校形成的集体记忆，一些具体的记忆叙事不仅让我们看到了国企职工子弟学校的历史境况和发展状态，同时，也让我们看到了具有共同身份的中国群体是如何进行回忆和言说的。

其次，用社会学的思维方式反思集体记忆，对于社会学学科发展具有重要的意义。当前，有关"集体记忆"的提出者尚存争议。但从现有研究情况来看，哈布瓦赫是"集体记忆"研究的重量级成者。其实，哈布瓦赫之所以会痴迷于集体记忆研究，与迪尔凯姆（Émile Durkheim）这位社会学家的集体主义研究立场的影响有一定关系②。进一步地说，用社会学学科的思维方式反思集体记忆，就是要从社会发展的语境中观察集体记忆是如何形成的，我们又该如何促进一些具有良好属性的记忆不断生成，而避免那些具有不良属性的记忆重演。因此，在未来的研究中，笔者不仅要关注到集体记忆的意涵是什么、内容是什么、作用机理是什么，同时，也要关注到围绕集体记忆形成的分析

---

① ［英］齐格蒙特·鲍曼、［英］蒂姆·梅：《社会学之思》，李康译，社会科学文献出版社 2010 年版，第 181 页。

② 高萍：《社会记忆理论研究综述》，《西北民族大学学报（哲学社会科学版）》2011 年第 3 期。

对于社会学学科发展有何意义。

最后，用社会学的思维方式反思集体记忆有助于促进社会的发展。其实，用社会学的思维方式反思集体记忆主要是为了形成一些促进社会发展的有益经验。比如说，反思了职工子弟的集体记忆后，我们能想到如何让一些良好的教育经验延续下来，继续促进当前社会发展。而这既是社会学学科的使命，也是每个社会学研究者应有的作为。

四、来自整体研究过程的几点思考

根据以上分析我们可以想到，在未来进行相关研究时，必须注意选准研究对象、加强田野调查和进行学理反思的重要性，继而使我们在深化对相关问题的理解时，不断促进研究工作有序且高效地开展。下面笔者将对以上步骤进行一些具体介绍。需要指出的是，由于这些步骤以及有关分析主要来自于笔者的研究经历，不够系统和深入，还请各位读者多多包涵。

(一)选准研究对象

选准研究对象非常重要。从本书选取研究对象的过程来看，有很多地方值得反思。首先，不能根据自己的偏好以及地域方面优势盲目选取研究对象。实际上，选取研究对象主要是为了能够确保研究工作顺利开展。然而需要注意的是，如果研究对象不便调研，将导致我们无法收集到相关资料。回看前面的章节我们不难发现，笔者对很多涉及国企职工子弟教育的历史信息避而不谈，主要是因为这方面资料有所限制。笔者也只能提示大家去阅读相关的史料。诚然，这样做可能有些不负责任，但也是笔者的无奈之举。因此，当有研究者选择类似的主题时，必须在围绕选定的研究对象进行预调研。而当我们发现无法收集到相关资料或者无法深入开展研究时，就可以切换研究对象或者放弃这方面的选题；其次，要尽可能地充分了解研究对象的信息。了解研究对象的信息主要是为了防止所研究的那个历史中的研究对象本体在当前发生了质变。因此，必须注意研究对象本体和现今状态之间的趋同性。如果仅剩历史本体之名，我们就要深思是否还要围绕其当前状态展开调研。换言之，即便当前的研究对象是历史中本体演进而来的，但是我们研究的是历史中的本体，而非其发展变迁后的状态。如果这一步走错，不但相关史料无法全然收集到，同时研究的切入点也可能是错的。以本书中提到的 Q 厂为例。虽然当前"Q 厂"已经变成了"某集团公司"，但其所从事的行业、所处的区位等都没有发生根本的变化。因此，笔者才以 Q 厂为研究对象进行了相关信息的收集、整理和分析。由此可见选准研究对象的重要性；最后，要注意研究对象的典型性。实际上，只有具有典型性的研究对象才具有代表性。但这并不意味着其他类型的研究对象不可以进入到我们的研究视域之中，只是说最好选择那些具有典型性的研究对象。再以本书中提到的 Q 厂职工子弟教育阶段历程为例。本书以它为研究对象，主要因为它是"典型单位制"①国企创办的职工子弟教育。基于此，笔者比较容易围绕单位制话题进行相关分析。而这也是笔者在前面费了一些笔墨，对国内外学界单位制研究成果进行梳理和分析的重要原因之一。需要指出的是，在实际研究中，并不是说找到一个非常典型的研究对象后就可以入手展开研究了，而要通盘考虑它是否具有典型性、是否能够进行调研、是否能够充实我们的研究等等。

(二)加强田野调查

田野调查是社会学研究者的看家本领。因此，未来在通过社会学分析视角开展与本研究相契合的研究时，必须注意田野调查的深度及效果。关于具体如何实操的问题，笔者有以下几点建议。首先，要把握好田野调查的时机。田野调查并不是一个纯客观的行动，也要讲究一点运气。比如说，笔者在进行田野调查的过程中，曾经得到很多人的支持和帮助，当然这些支持和帮助都是偶然发生的。其实，这种偶然发生的帮助里面充满了风险性。试想，如果没有这些人的帮助，那笔者的田野调查岂不就此中断了？相关研究工作也就无法开展了。细言之，从笔者的田野调查过程中，大家一定要吸取的教训是，在进行田野调查之前尽量做到"天时""地利""人和"三方面条件齐备。细言之，所谓"天时"，就是要找准田野调查的契机。当然，田野调查的契机可能是他人提供的，也可能是自己寻找到的。总之，在田野调查过程中，不能缺乏契机。需要提到的是，笔者在田野调查过程中，由于缺乏一定的契机，导致硬闯田野的尴尬情况发生，田野调查的效果较差；所谓"地利"，就是所调研的对象是否能够助力我们顺利开展调研活动。实际上，每个研究者进入到新的场域时都将发生由"陌生"到"融入"的渐进过程。而想要拥有地利条件，则必须想办法使自己成为研究对象所熟悉和信赖的人。这即是说，在走近田野前后我们要想到如何尽快地打消陌生感，快速融入到调研情境之中，获得

---

① 田毅鹏：《"典型单位制"的起源和形成》，《吉林大学社会科学学报》2007 年第 4 期。

研究对象的"好感"。再以笔者的田野调查为例。由于笔者是以纯粹资料收集为目的而行的田野调查,较为格式化,因此,没有完全融入到田野调查的情境之中,而这也导致笔者未能有更多的收获;所谓"人和",主要是指研究对象是否有意愿接受我们的访谈。这一点,我想很多参与过田野调查的研究者都有深刻的体会。其实,现在"调研"这个词很敏感。例如,在田野调查过程中,有研究对象曾问笔者:"你是干什么的?"笔者随口说了一句:"调研的。"而后,这位研究对象直接拒绝了笔者的访谈。由此可见,为了能够获得"人和",研究者必须练习好沟通的技巧,形成较强的沟通能力,尤其要善于同那些非常活跃而且能够有助于我们接触到更多研究对象的人进行沟通。对此,我们可以做这样一种比喻,如果失去了"非常活跃而且能够有助于我们接触到更多研究对象的人"这样"一棵树",我们就有可能会失去"一座森林"。综上可见,加强田野调查在开展相关研究中的重要性。当然,研究者也需要注意的是,并非所有的田野调查都是一帆风顺的,也并不是所有的田野调查都能聚齐"天时""地利"和"人和"。有的时候田野调查还有那么一丝偶然性。当然,我们作为研究者,不能完全期待这种偶然性频频发生,扎实而有效的田野工作还是很有必要的。

(三)进行学理反思

笔者前面主要表达了这样一种观点,即不能过多地堆砌涉及国企职工子弟教育发展阶段历程的史料,要通盘考察史料中记述的内容,对相关历史现象进行学理反思。因为呈现历史事实,只不过是在围绕纵向的线性时间进行陈述而已,严格意义上讲并不能称之为研究。以笔者对国企职工子弟教育阶段历程的考察来看,如果过多地陈述有关国企职工子弟教育阶段历程方面的事实,那么,相关话题的研究意味不但会弱化,而且通读文字之后,读者也无法知晓笔者围绕国企职工子弟教育阶段历程进行了哪些学术分析。于是,书名中的"探研"二字也将显得赘余。

那么,具体该如何进行学理反思呢?笔者认为,首先,对所关注的历史现象和相关研究情况形成一个总体性认识。实际上,这是一个非常基础性的工作,在社会学研究中,这些工作往往也被称为文献研究。需要认识到的是,只有掌握了史料才能无限抵近那个离我们或远或近的历史,只有阅读了相关研究我们才能形成一个研究框架,继而对相关话题展开分析。这样一来,静卧于史料中的文字将与学术研究形成某种依附性关系,细言之,通过学术研究活动再现史料中文字承载的历史后，原有史料的意义也将被无限放大，并且受到更多人的关注。当然，人们关注的不仅仅是史料本身，而是史料所承载的那段历史及其学术意义。

其次，请教专家学者。在本书写作过程中，笔者曾多次围绕一些具体问题请教专家学者。他们的话语深深启发了笔者，并且使笔者不断形成新的认识。比如说，有专家学者曾提示笔者如何围绕所关注的历史问题，找到一个现实的切入点，进而去理解历史问题；教育发展并不只是学校的数量增加，学校只是教育的一个载体，应该深入到学校与个人发展关系中展开学术方面的想象……总的来说，专家学者的话语不仅使笔者把握住了大的研究方向，同时，也为笔者如何围绕具有历史感的话题进行学理反思提供了重要的思路。由此可见，请教专家学者的重要性。

最后，形成超越历史本身的思考。在整理完相关史料、通读完已有研究、请教完专家学者之后，我们紧接着要做的工作就是通过学术思维建构研究选题，并努力形成超越历史本身的反思。需要指出的是，超越历本身史的反思，并不是说要抛弃历史，任意进行话题建构和分析，而是通过历史中的一些具体的点形成某些学术性思考。比如说，某一或者某些历史话题能够给相关学科及其研究领域的发展带来怎样的启示等等。从对 Q 厂职工子弟教育阶段历程的考察来看，在发展社会学语境下对涉及国企职工子弟教育发展的诸多话题进行考察时，笔者并未围绕史料中记载的内容进行重复叙述，更多的是想连通历史与现实之间发展的联系，从而为发展社会学研究提供一点思路。诚然，笔者提出的研究设想非常地浅显，但笔者坚信的是，我们在努力从历史社会中汲取发展经验的同时，也能够让当前社会更好地成为未来社会参照的历史社会。所以，形成超越历史本身的反思还是很有必要的。总的来说，具体分析那些带有历史感的话题时，既要注重研究过程的完整性和逻辑性，又要注意研究结果的学理性和反思性。

行文至此，有关国企职工子弟教育发展阶段历程的话题也就暂告一段落了。当然，暂告一段落并不意味着相关话题仍然有必要进一步拓展分析。换言之，围绕国企职工子弟教育发展阶段历程的主题再度出发，并不是说一定要固守这方面的主题。笔者在考察国企职工子弟教育发展阶段历程时，深感考察这一话题是非常艰难的，尤其难以开展田野调查，因此对于笔者来说，继续固守这一主题意义不大。于是，笔者想到可以研究与国企职工子弟教育发展阶段历程有关的其他话题，比如说，国企职工子弟群体的集体记忆。如此一来，本书中的一些观点还将进一步得到沿用。这即是说，当我们已经预知车到山前无路可走的时候，要及时在未到山前的路上踩下刹车，并调整行程。

第二部分

回忆与研究展望

收藏记忆，教育再继续

附　录

附录一：职工子弟的在校记忆①

一、职工子弟的师生情

1. 曾经的课堂

文/韩胜利

铃声响了，

我们端坐在课堂，

聆听老师的教诲，

徜徉在知识的海洋。

上地理课了，

老师拿出自制的中国拼图，

从东海讲到西域，

从江南讲到北疆，

勾画出祖国山河锦绣，

描绘出神州大地辉煌。

---

① 这些诗歌和散文是笔者委托李凤新女士帮助联系后，笔者进一步征得相关作者同意后收录于本书中的。在此笔者要向李凤新女士以及各位作者的大力支持表示感谢！需要指出的是，笔者在整理职工子弟的回忆文章时，按照诗歌和散文的主旨分成了"职工子弟的师生情""职工子弟的母校情"和"职工子弟的同窗情"三个专题。

上语文课了，

老师讲杨朔的散文，

循循善诱，

引领我们漫步在荔枝的故乡，

至今我的嘴角，

还不时流淌着那醉人的蜜糖。

上生物课了，

课堂设在农场。

抱着硕大的南瓜，

看着嫁接的海棠，

目光充满惊奇，

脑海涌起物种进化的波浪。

一堂堂生动的讲述，

如丝丝细雨，

滋润着我的心房；

一节节娓娓的话语，

如滴滴甘露，

给我注入报国的力量。

五十年过去了，

岁月峥嵘，

历经沧桑。

永远忘不了的，

是那曾经的课堂，

可敬、可爱的师长。①

---

① 引自《岁月如歌》文集，第 75-76 页。

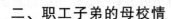

二、职工子弟的母校情

1. 回忆母校

文/李凤欣

有一天下班后，我去工人文化宫。走到四楼迎面看见个大海报：倪少珠个人画展。我一下愣住了，这不是我当年的中学老师吗？我伫立在那里久久不愿离去，唉，想念我的母校啦。

中学时代，倪老师教我们美术。我印象最深的是，倪老师让我们用坐标纸画人头像。老师在黑板左下角画，我们在底下画。在一个个小格子上精确描绘，画完的时候，真的很像哎！除了美术外，倪老师还教我们音乐。还记得一上音乐课的时候，我们就排成一队到音乐教室门口。音乐教室门口全都是地板，再怎么脚步轻，也会有咣咣的声响。与此同时，教室的墙上挂着大歌片，倪老师则坐在钢琴旁给我们上课。至今，琴声歌声仍然在我的耳边回荡。还记得，每次上音乐课，我都情绪饱满，心情舒畅。

我们当时的班主任叫初学文，国高毕业，戴个眼镜，文质彬彬的。除了上课，平时的时间也总和我们在一起。数学还有个于小民老师，是印尼华侨吧，也给我们上过课。她说话轻轻的，但听得清楚，写字也轻轻的，但看得很清楚。我们用显微镜观察洋葱皮的细胞，把小松鼠用按钉按在桌子上，解剖以后，观察它的内脏。体育课的老师应该是徐万昌老师和杨永弟老师吧？[①]姓肯定是没错。我们还有个室内体育教室，老师在里边教我们单杠、双杠等等。就是现在，我双手把住单杠，把脚蹬上去，再翻下来，用脚尖轻轻地着地，做起来，也是很轻巧的！

有一次，我们学校组织跳[②]绳比赛，我竟然得了中年组第一名！大家都不相信，因为我平时也不爱运动。我想在不知不觉中，当把知识转化成技能的时候，也就受用终生啦！

地理老师是王一民。上课之前的十分钟，他总是让我们用一个一个纸壳

---

① 此处笔者对原文中的话进行了调整。

② 此处笔者把"小"修改成了"跳"。

做的省市小版块儿，拼成中国地图。至今，祖国的各省和直辖市等轮廓仍然深深印刻在我的脑海中。哪儿挨着哪儿，我随口就能说出来，这也成了我当时地理学好的直接证明。

我像祥林嫂一样，每每和朋友在一起的时候，就说起中学的事情。朋友们睁大好奇眼睛，细细地听。我们母校的育人环境，无论是软件还是硬件都十分棒！

我无比地①惆怅过，在这么好的学校里，我只读了一年多。而我也无比地②舒畅过，是母校燃起我多读书多学习的星火。我真的好爱你——母校，我怎么也忘不了那里曾经的学习生活！③

---

① 此处笔者把"得"修改成了"地"。

② 此处笔者把"的"修改成了"地"。

③ 引自《岁月如歌》文集，第128-129页。根据作者要求，笔者在此对文章内容进行了适度调整。

三、职工子弟的同窗情

1. 学习同窗好榜样

文/丁一

咱班同学，吾略听闻，在家在外，深知感恩。

津生侍母，随叫随应。五卅振春，持之以恒。

兰廷敏捷，默默献奉。国华侍奉，二老善终。

晓波无泪，独女独撑。秀君孝道，单位闻名。

浙生探母，年年远征。建刚悌孝，代母职能。

关方孝悌，做好长兄。雪斌陪母，任唠任能。

淑芳家孝，老母九旬。燕春孝敬，家不脱身。

同兴泣母，孝子送终。志敏缅怀，憾母早殒。

张强顾家，父母先尊。文华侍父，骨节累松。

淑兰侍父，乃老革命。占琴忙父，奔忙不停。

国兴姆妈，孝子一群。静珍为母，啥格都行。

冰莹护家，老少皆顾。令珍为母，寻优环境。

外籍中永，电话长通，隔时膝下，珍享天伦。

学琦探母，加州越洋，惜护骨伤，宁职无存。

更多榜样，恕不详情。感恩天知，个个有心。

丁一当学，各位楷模。孝悌担当，不辱使命。①

---

① 引自《岁月如歌》文集，第55页。

2. 我的第一次演出

文/王柏

　　记得上初中的时候，学校组织文艺汇演，我们班参演的节目是歌舞剧《阵地六姐妹》。故事梗概是在越南抗美战争中，六位慰问前线的越南姑娘在慰问途中，发现并且生擒了一个跳伞逃命的美国飞行员。节目好像①是张鲁宁从市实验中学引进的，为此，全班做了精心的准备。首先精选了以桂荣、王敏、田一萍等六位班花，（另三位女同学是谁，在我记忆中有点模糊，希望记性好的同学把演员队伍补齐。），也不知为什么？竟选中了我饰演美国飞行员！

　　排练是热情认真的，我们除了在班级练习外，还去外校②学习，班长刘世荣还特别邀请了吉林省著名舞蹈家莽双英为我们做指导。记得女演员同学都梳着越南姑娘的披肩长发，身穿当时老太太穿的勉腰大裆黑裤，好像③彩仙（或是乐子）站在椅子上套上那件不知是谁奶奶的老式一大裆裤，裤腰都快提到脖子上了。我的装束是头戴飞行帽，身穿皮夹克，脚下登着一双雨靴，最搞笑的是脸上还戴了一个纸糊的大鼻子。有幸与全班最善表演的桂荣演对手戏，那桂荣身手不凡，十分了得，三下五除二就把我打翻在地，生擒活捉。而我或许是太笨，或许是太投入，在打斗中失手击中了桂荣头顶，一时间桂荣粉面飞红，梨花带雨，眼泪都疼出来了，（据说头上打出个包）但仍坚持把戏演完。现在说声对不起，那时我不是故意的。

　　如今回忆起中学时光来，心中的美好依然，同学真情难忘。月岁如梭，转眼间已过去了五十多个年头，可我依然记得那次是我的第④一次演出，还⑤记得节目中的那首歌词：⑥ 清清的泉水河奔流下山坡，我愿为英雄唱支胜利歌，炮口上白云飘飘过，山上的同志们战斗为祖国。⑦

---

① 此处笔者把"象"修改成了"像"。

② 笔者删除了此处的一个"去"字。

③ 此处笔者把"象"修改成了"像"。

④ 此处笔者把"苐"修改成了"第"。

⑤ 此处笔者添加了"还"字。

⑥ 此处笔者把分号修改成了冒号。

⑦ 引自《岁月如歌》文集，第63-64页。需要说明的是，笔者删除了此处的省略号。

3. 相 册

文/翟述基

这是我们吗？

五十年前的模样。

稚嫩的脸蛋，清澈的目光。

模糊的回忆带我回到以往。

初一的教室，书声朗朗。

欢声笑语在操场上回荡。

……严冬酷暑，玉米高粱。

油灯火炕，咸菜瓜香……

我们相伴的时光不长，

但它是我们生命中——最珍贵的一章。

皱纹悄悄地爬到我们脸上，

但我们的心依然纯真奔放。

谢谢你，我的同学！[①]

---

① 引自《岁月如歌》文集，第108-109页。需要说明的是，笔者节选了部分与本研究有关的诗歌内容。

4. 同学

文/吴林

一直渴望年轻的时光

快乐的日子都写在作文本里

没有关于橡皮和铅笔的故事

只有一段偷偷对视的胆怯

还没弄清情感是什么东西

方格纸就变得无色苍白

一直想知道分离后的消息

思念的日子滑落在白发里

没有巧遇和寄信的相关情节

只有一段皱纹聚起来的等待

其实课桌是情窦初开的原点

人生却是上行下行的列车[①]

---

① 引自《岁月如歌》文集，第 111 页。

附录二：教育理论与实践研讨

价值、技术要素融合与学生的社会化实现

——以职业学校教育为中心①

摘　要：如果把"价值"与"技术"二要素分离开来对职业学校学生的发展问题进行研究，很容易形成或重视价值导向、或重视技术培育等片面性的育人观点。作为职业教育场域内的学生，需要依托实践将价值与技术统一于个体行动中，并赋予技术以人文关怀，才有望超越理性的约束，社会化也才能顺利实现。所以，给"价值"和"技术"要素以明确的定位，让其成为职业学校教育中的"合理性的合理成分"日益重要。

关键词：价值；技术；社会化；职业教育

　　近年来，随着职业教育在我国经济社会发展中的重要性日益凸显，关于如何通过职业学校教育改革以强化人才培养的问题也被社会各界广泛热议。可是，在当前的职业学校教学和研究中，时常出现或强调技术教育的重要性、或强调价值教育的重要性，很少从整体性视域出发将二者统一起来的片面性育人观点。需要指出的是，在职业学校教育中，"价值"和"技术"是不可分割的。因此，忽视任何一方开展教学活动或进行相关研究，都容易造成对主体及相关问题分析不全面、把握不精准等问题，更难以提出具有长远意义的、能够缓解职业学校教育困境的、对学生社会化发展有益的策略。基于此，本文以"价值"与"技术"要素融合为着力点，如何助推学生的社会化实现为落脚点，对职业学校场域中的复杂关系进行了分析，以期为当前的职业学校教育

---

　　① 　需要说明的是，本文是笔者于 2021 年发表在《人文与科技》（第七辑）上面的学术论文。因为《价值、技术要素融合与学生的社会化实现——以职业学校教育为中心》一文涉及国企办学、职业学校教育发展和职业学校学生发展等诸多议题，可见本文可以对本书中的一些观点进行补充。

改革提供一些参考经验。

一、价值：职业学校教育发展的指南

人在使用某种工具时，很容易受到技术因素和价值因素的影响。正所谓"工欲善其事，必先利其器"（《论语·卫灵公》）。一个"欲"字，一个"器"字，隐喻了人在运用技术时所带有的一种目的性的价值选择："为什么要这么做，这么做有何意义？"由此可见，人、技术和价值三者之间的关系。循着上述论断进一步出发，我们可以对职业学校的价值立意、其价值如何实现等问题进行具体分析。

（一）职业学校教育的价值立意

在杜威看来，"价值就是价值，它们是直接具有一定内在性质的东西。"[1]细化具有较高抽象层次的"价值"概念可以发现，"价值"既可以对物质、人的劳动时间等进行货币量衡量，也可以对人的思想、行为等进行意义呈现。而从价值的现实维度来看，职业学校教育的价值不仅在于它的作用是什么，更在于它是怎样发挥作用的。深入探究职业学校教育的内核，我们很容易发现三个重要元素：职业、技术和教育。价值虽然没有被明确体现，却作为一种隐性的存在，在教师和学生等主体的作用下贯穿于职业学校教育始终，像"筋"一样将职业、技术和教育等要素串联为一个整体。例如，教师引导学生如何在正确的价值观指导下使用互联网技术、学生在专业技术运用过程中的合法性考量，等等。由此可见职业学校教育的价值。可是，随着新一轮人才竞争的兴起，职业学校也出现了日益维艰的境况。上职业学校还有意义吗、能学到什么、未来能做什么等问题，也被学生和家长不断地追问。由此而言，"职业学校教育的当代价值"问题亟待阐析。

2018年天津市启动的"海河英才"计划中，对于"资助引进高技能人才"的规定是符合下列条件之一："（一）世界技能大赛获奖者或专家教练组长、国家级一类职业技能竞赛第1名、中华技能大奖获得者、全国技术能手获得者。（二）国家级技能大师（国家级技能大师工作室的命名人，下同）、国家级一类职业技能竞赛2～5名、二类职业技能竞赛和全国职业院校技能大赛前3名、省级技能大师、技术能手、省级一类职业技能竞赛前3名、二类职业技能竞赛第1名。"[2]通过这个事例可以看出，新时代对高技能人才的高要求。基于上述事例我们应该做出的反思是，面对当前的情况，职业学校教育该如何发展呢？《国务院关于印发国家职业教育改革实施方案的通知》指出的一个明确方向是"深化办学体制改革和育人机制改革，以促进就业和适应产业发展需求为导向，鼓励和支持社会各界特别是企业积极支持职业教育，着力培养高素质劳动者和技术技能人才。"[3] 这即是说，职业学校教育必须对接好当下及未来社会的发展需求，以学生不断地融入社会为重点开展教育——授人以"渔"，而不是单纯地基于学校场域——授人以"鱼"。

(二)职业学校学生的价值选择

总体而言，当前社会中主要有三类价值取向。一是利己主义，做任何事情都要以自我为中心。持这种价值取向的人，往往都具有与众不同的"自私性"，广泛谋取私利。二是利他主义，做事情时多为社会及他人考虑。社会工作所倡导的助人理念与之颇具相似性，即以博爱之心爱弱者，使之得到最大程度的帮助。持这种价值取向的人，往往被视作有"菩萨心肠"。三是介于利己和利他之间，可称其为"游离的中间取向"。其表现是既不过度利己，也不全然利他，而是在利己与利他之间寻找一种平衡。所谓的"穷则独善其身，达则兼济天下"(《孟子》)语出同类。通过上面的论述，一个疑问也随之而来："职业学校的学生该持有何种价值取向？"回答了这个问题，也就回答了"学生的价值取向是否合乎目的性"的问题。

在当代社会中，各种"符号"所具有的影响力不可忽视。从波德里亚对隐匿于消费之中的"符号"所具有暗示价值进行批判来看[4]，作为一种隐性的价值载体，以享乐、攀比、拜金为内核的"符号"能使欠缺社会经验的学生的行为发生"异化"。出现这种异化的外因是上述"符号"对学生的诱惑和控制，深层内因是学生面对这类"符号"时产生了自我迷失，转而去追求那些对自己"有利"的符号以及各种满含负能量的主义——例如，享乐主义。从本质上看，追求享乐主义主要是由于人受到某种符号价值观的驱使，投身、陷入某种娱乐氛围中，这对学生的发展是有害的。因为，在现实生活中如果学生选择了向上向善的"符号"则易"从善"，反之则易"从恶"。一则反例是曾引起社会媒体轰动的成都航空职业技术学院学生会"杨主席"官威事件。以上给我们的启示是，在当前的职业学校教育中，教育者和管理者需要引导学生掌握好迷恋各种"符号"的"度"，以控制好自身的言行，这是学生顺利实现社会化的一个重

要条件。

综上所述，职业学校的学生唯有以整体性的社会价值为方向，在使用技术方面做出价值判断和选择，方能更好地携技术融入社会世界中。单纯以自我为中心的、与整个社会世界发展相悖的价值取向，都不利于个体的社会化顺利实现。

二、技术：职业学校教育的中介

如何看待技术？李康曾指出："技术产生于人类的生产劳动，是人类智慧经验与客观物质相互作用、相互结合的产物。"[5]从这个角度来说，技术的本质是知识，具体表现是人控制工具的方法和能力。那么，人类是如何建构起技术与工具之间的联系呢？笔者认为主要是通过如下两种途径实现。一种是通过世代继承的方式，实现技术的传习、继替和发展。如早期人类对火种的保护和使用、以"口传身授"为主传授技能的"师徒制"，[6]等等。而另外一种则是以学校作为场域依托，通过教育将技术作为一种知识传授给学生，以深化学生对于技术的认知和理解。一个直接构型就是职业学校教育。

（一）技术为本的教育及其结果

随着科学技术的飞速发展，现代职业教育本应更加关注如何在"虚拟"和"现实"二维空间中开展教育，以使学生具备不断融入未来社会的能力。可现实却与之相悖，不论是教育者还是学习者，在职业教育场域内都容易因过度注重"技术本身具有的僵化和固定的功能，让工具化的人黏在了自己编织的理性之网中。"[7]受此影响，学生的主动性、创造性、反思性很容易受到抑制，并沦为技术工具或工具的仆从[8]。综上所论，以"技术为本"的职业学校教育很容易导致工具主义的泛滥，使学生渐渐成为受制于"理性"的工具。因此，在当前的职业教育改革的过程中，必须深刻反思职业学校教育理念中的唯重技术教育的问题。

（二）以技术为中介的职业教育

综合来看，学校是融合人、技术、工具等要素的场域。按照布迪厄的观点，场域之中充满着关系、位置、角色的矛盾[9]。那么，在学校场域内，技术应该扮演什么角色呢？在此可以用"中介"一词进行说明。一是技术是连接人与技术的中介。在职业学校中，技术主要是通过教与学的互动过程实现传递的。如此看来，技术是连接教师和学生的中介桥梁；二是技术是连接人与工具的中介。人只有在掌握技术的前提下，才能驾轻就熟地运用工具。在这里，技术的中介性，不仅表现为教师、学生等主体通过技术正确地使用工具，还包括在此基础上对技术的进一步完善。综上所论，我们很容易产生一个疑问：在职业学校教育中，学生应该是被动学习技术的主体吗？非也。在教育过程中，学生掌握技术只是职业学校教育的初级使命。更进一步地说，职业学校教育还要让学生在不断领会、掌握技术的基础上，推动技术的更新、发展，推出新技术。从某种程度上讲，职业学校的发展也依赖于学生的主体性、主动性和创造性的发挥。

综上可知，在职业学校教育中，将技术视作"中介"而非"本体"更为合理。马尔库塞有言："只是在技术的中介中，人和自然才变成可以替换的组织对象。"[10]可是在现实中，无论是教育者还是学习者，常常都无法做到掌控好技术的"度"。这会造成一个突出的问题是理性对人的束缚，这是单向度技术教育的"恶果"。这样下去，所谓的技术理性、工具主义等便会奴役学生，学生的创造性、自由时间也就无从谈起。所以，在当前的职业学校教育中，给"技术"以明确的定位，让其成为一个"合理性的合理成分"变得愈发重要。

三、实践：价值与技术融合的尺度

以上论述分别阐释了职业学校教育中的价值向度和技术向度的问题。那么，如何让价值与技术二要素统一于职业学校教育中？在此必须重提实践在职业学校教育中的重要作用。因为，"职业教育的实践本位价值决定了学校教育必将成为职业教育的主流，也决定了职业教育不可能脱离生产实践而进行。"[11]由此可知，单纯依靠课堂内的教育和对榜样人物的宣传等手段开展职业教育是远远不够的，必须让学生通过社会实践去理解技术。

让学生对于技术形成正确的理解需要通过实践来完成，此时必须发挥好教师的作用。杜威指出："教师要成为这样一个人，他考虑到学生得到适当的材料，并且让他们在实际的场合——那就是代表课堂外实际存在的各种关系和情况的场合——使用这些材料。"[12]所以，走出课堂，以实践唤醒学生对于技术的领会，并把顺应社会发展的主流价值取向融于技术实践中，才能赋予技术以人性。需要强调的是，实践是检验价值与技术融合程度的唯一标尺。

这种"唯一性"所体现的是实践的重要性，亦即实践的作用。马克思有言："社会生活在本质上是实践的。凡是把理论导致神秘主义方面去的神秘东西，都能在人的实践中以及对这个实践的理解中得到合理的解决。"[13]这一论断指出，实践是"试金石"，学生是否已将正向的价值理念与技术统一于自身，通过其在社会实践中的行为便可以观察到。

如果没有实践检验呢？没有实践的检验，学生的发展很容易与社会整体发展相悖。这样一来，他们也很容易以一种听天由命的消极心态面对社会化。所以，如果缺少实践这一关键环节，职业学校的学生不但难以顺利融入社会，甚至还会出现价值观偏颇、技术使用与宏观社会发展立意相悖等现象。因此可以断言，只有丰富的实践过程，才能加深职业学校的学生对知识、技术、价值、社会的正确的认识。

那么，如何实践？马克思有言："'劳动只有作为社会的劳动'，或者换个说法，'只有在社会中和通过社会'，'才能成为财富和文化的源泉'。"[14]循着马克思的唯物史观我们可以得出的一个观点是"职业教育的劳动教育要与生产实践和专业发展结合起来。"[15]因此，若让学生携技术融入社会，必须具备如下两个条件：一是要让其在反复的劳动实践中掌握技术的要领，逐步具备控制工具的能力，这是融入社会前的"预备"；二是要让其在社会整体价值取向的影响下，通过驾驭技术形成技能，完成对自身的超越，这是融入社会的"关键"。此刻的技术，才能成为一把打开生活世界的钥匙，学生也才会在不断地接触人、事、物的过程中融入主流的社会群体中。这样，技术不但让人找到了立足之地，价值还让学生找到了发展方向和存在的意义。

四、社会化：价值与技术融合的终极目标

对于职业学校教育进行研究除了要关注其发展轨迹外，还要注重其存在的意义，尤其是终极目标。那么，职业学校教育的终极目标又是什么呢？本文认为，是在教育过程中融合"价值"与"技术"二要素，不断提升学生的社会性，促进学生的社会化发展，而这离不开"学校"与"社会"之间的良性互动。

有观点认为，影响职业院校学生"社会化最有力的两大因素是社会和学校。"[16]而且，校园文化对于职业院校学生的社会化影响重大[17]。按照波普诺的观点，社会化过程涉及广泛的个人、群体和机构。主要的社会化主体包括

家庭、学校和同辈群体，以及大众传播媒介等[18]。

　　综合以上观点，职业学校学生所应遵循的"社会化"逻辑是："教师—技术—学生—职业"。在此要强调的是，职业学校教育既应关心学生技能的形成，更要注意其身份转向。因为，学生的身份转向中蕴含着某种价值立意——成为什么样的社会人。由此可见，"社会化"同"价值"和"技术"之间的关系不是割裂开来的，而是辩证统一的：如果学生以主流价值取向为导向，则很容易携技术融入社会，促进自身的社会发展。反之，则会携技术脱离甚至是危害社会。因为，社会中的各种条件、机制，不但会加速或者减缓学生融入社会的时间进度，甚至还会改变学生发展的向度。故而，为了实现学生正向融入社会的目标，本文认为需要从三个步骤出发：一是发挥好职业学校的教育作用，培养信仰主流价值观的匠人[19]。实现这个目标，职业学校"既要强调技术的自然属性，又要重视技术的社会属性，要正确认识技术的人文价值，在技术教育中加强技术人文教育，培养能够正确发明、使用、操作技术的专门人才。"[20]二是通过反复实践，让学生深刻领会技术的实用性、社会性和知识性，并且在运用、改进和更新技术的过程中，增促社会进步。这一过程的重点在于让学生在实践中认清"自我"、保持"自我"，而不迷失"自我"，进而发挥好认知能力、创造能力和控制能力，在不断增进自身社会性的过程中，以"自我社会化"之能顺利融入社会。三是要发挥好学校和社会的协同力量，培养学生正确的择业观和敬业意识。对此，马克思在《青年在选择职业时的考虑》中，有一言值得反思："在选择职业时，我们应该遵循的主要指针是人类的幸福和我们自身的完美。不应认为，这两种利益是敌对的，互相冲突的，一种利益必须消灭另一种的；人类的天性本来就是这样的：人们只有为同时代人的完美、为他们的幸福而工作，才能使自己也达到完美。"[21]

　　此外，还需要注意在职业学校教育过程中唯重敬业价值观渗透的问题。职业学校所要培养的应该是具有综合素养的个体，而非单纯的"技术人"或"工具仆从"。因此，上面提到的综合素养主要体现在职业学校学生能够基于对社会主义核心价值观的全面理解和认同，正确使用所学知识和技术，促进自身及社会的发展

五、结语

以上从价值、技术融合的视角出发，阐述了如何实现职业学校学生的社会化问题。除上述问题外，职业学校教育改革与学生未来的发展问题、如何把握学生在"虚拟"和"现实"二维空间中"价值"与"技术"融合的问题等亦需回应。依照本文所指，必须在现实的职业学校教学、改革及研究的过程中，根据"以职业立足、以社会立身、以个性立人"的"一体三面"人才培养逻辑维度，[22]将"价值"与"技术"二要素统一于学生的社会化进程中，充分发挥学生的"自我社会化"能力，让学生在主流价值观的引导下主动学习、理解、使用和创造技术，而不是被动地沦为"技术工具"或"工具仆从"。

注意到德国学者薛凤将《天工开物》译为《工开万物》后，杨满福指出："这一化用既蕴含了对技术知识（工艺）的重要性的高度肯定，又气势恢弘地彰显了人（技术技能人才）在改变世界中的强大能力和主体地位。"[23]由此而言，在职业学校教育的语境之下，技术不但应使人具备控制工具和改变世界的能力，而且在价值的引导下，技术也应在推动社会世界的进步中，逐步找到人性的依归。

参考文献

[1][美]杜威. 经验与自然[M]. 傅统先译. 北京：商务印书馆，2014：392.

[2]天津市高层次创新人才引进专项资助实施细则[EB/OL]，海河英才网，2019-1-23，https：//www. tjrc. gov. cn/FileCourier/FileCourierDetail. aspx? ppd＝afe9fab7-4e06-40a3-b89d-ab01f68a5e3d.

[3]国务院关于印发国家职业教育改革实施方案的通知[J]. 中华人民共和国教育部公报，2019(Z1)：9-16.

[4][法]波德里亚. 象征交换与死亡[M]. 车槿山译. 南京：译林出版社，2012：5.

[5]李康. 论教育技术领域中的哲学观[J]. 电化教育研究，2000(03)：3-6＋39.

[6]王星. 技能形成的社会建构[M]. 北京：社会科学文献出版社，2014：56.

[7]练元浩. 教育与技术的反思："人"的缺失与回归[J]. 教育导刊，2018(09)：12-16.

[8]司汉武. 价值与工具[M]. 北京：中国科学文化出版社，2003：476.

[9][法]布迪厄，[美]华康德. 实践与反思[M]. 李猛，李康译. 北京：中央编译出版社，1998：134.

[10][法]马尔库塞. 单向度的人——发达工业社会意识形态研究[M]. 刘继译. 上海：上海
译文出版社，2008：134.

[11]彭莉洁. 职业教育产教融合的历史演进、逻辑起点与战略要点[J]. 教育与职业，2019
(06)：19-25.

[12][美]杜威. 学校与社会·明日之学校[M]. 赵祥麟等译. 北京：人民教育出版社，
2004：302.

[13]马克思恩格斯全集(第3卷)[M]. 北京：人民出版社，1960：5.

[14]马克思恩格斯选集(第3卷)[M]. 北京：人民出版社，1995：300.

[15]赵伟. 试论劳动、劳动教育和职业教育的关系[J]. 中国高教研究，2019(11)：
103-108.

[16]江萍. 高职学生社会化教育刍议[J]. 教育探索，2011(09)：92-93.

[17]彭明生. 高职校园文化与青年大学生的社会化[J]. 职教论坛，2010(20)：6-8.

[18][美]波普诺. 社会学(第十版)[M]. 李强等译. 北京：中国人民大学出版社，
2007：172.

[19]陈子季. 推动新时代职业教育大改革大发展[J]. 国家教育行政学院学报，2019(05)：
3-9.

[20]刘刚. 技术人文教育——高职院校的战略选择[J]. 职教论坛，2011(36)：15-19.

[21]马克思恩格斯全集(第40卷)[M]. 北京：人民出版社，1982：7.

[22]张海燕，王傲冰. "一体三面"：高职教育人才培养逻辑建构与实施路径[J]. 教育与职
业，2019(22)：5-11.

[23]杨满福. 儒家价值观对职业教育发展的影响及其超越[J]. 教育研究，2019(02)：
104-112.

家庭作业批改中的义务矛盾解析

——基于场域理论和交往行为理论①

摘　要：从场域理论和交往行为理论出发，对"谁该批改学生家庭作业"的问题进行解析后，可以直接看到的现象是由于教师和家长分别立足学校和家庭场域中相互推诿、指责和争执，致使彼此之间的义务矛盾不断升级。因此，有必要通过建立交往空间以及协调关系的组织等举措，引导教师和家长分别走出学校和家庭场域进入到公共领域中，运用正确的语词开展有效沟通，以在化解义务矛盾的同时，促进双方进一步达成有关"何以培养学生"问题的共识，进而实现"家校共育"效果的最大化。

关键词：场域理论；公共领域；家庭作业；义务矛盾；交往行为理论

随着"家庭作业"演变成为"家长作业"[1]的现象不断被曝光，有关教师和家长谁该批改学生家庭作业的问题日益引发社会各界的广泛关注。2018 年 10 月，教育部在对《关于停止小学老师用手机微信和 QQ 对学生及家长布置和提交作业的提案》进行回复时，就曾明确指出："作业批改必须由教师完成，不得让家长批改作业。"[2]2020 年 12 月，针对"杜绝将学生作业变成家长作业"的问题，教育部相关工作人员进一步表示："对于违反有关规定，特别是布置惩罚性作业、要求家长完成或批改作业等明令禁止的行为，发现一起，严处一起。"[3]

以上现象和问题，可以从布迪厄（Pierre Bourdieu）提出的场域理论②和哈贝马斯（Jürgen Habermas）提出的交往行为理论③出发进行解析。布迪厄基于

---

① 需要说明的是，这是笔者撰写的一篇论文，可以对本书中的一些观点进行补充，并进一步形成有关教育发展方面的研究论点。

② 在本研究中，笔者有限地使用了布迪厄的"场域理论"，如有不妥之处还请各位学者见谅！

③ 在本研究中，笔者有限地使用了哈贝马斯的"交往行为理论"，如有不妥之处还请各位学者见谅！

关系主义方法论，对场域内部以及不同场域之间的资本、惯习、权力等要素关系进行说明的过程中，尝试消解了诸多二元对立问题[4]，并逐步形成了他的场域理论。由"谁该批改学生家庭作业"这一争论可以一是看出不同的场域立场。质言之，家长立足家庭场域中认为，孩子是在学校中接受教育的，因此，批改家庭作业是教师的职责。而教师则立足学校的场域中认为，学生完成的是家庭作业，并非课堂作业，家长应该参与到批改学生家庭作业的过程中，同样尽到教育学生的义务。这既有助于提高学生作业完成的质量，同时还能增强学生和家长之间的互动。二是可以看出沟通不畅的现象。教师和家长分别代表了自己的角色立场。教师基于自己的角色身份和使命，对家长提出了代行自己角色权威的希望，而家长则一再明确自己与教师不同的角色和职责。以上争论其实主要体现出了教师和家长因批改家庭作业而产生的义务矛盾，以及不同场域之间主体的二元对立现象。基于此，可以进一步参考哈贝马斯的交往行为理论提出关于如何引导教师和家长正确使用语词进行有效沟通的策略，促使家长和教师之间的达成教育共识。

一、教师与家长义务矛盾的主要症结表现及成因

运用场域理论进行嵌套，不但可以明确教师和家长因批改家庭作业问题而产生的主要矛盾症结，还能进一步对造成教师和家长出现这种义务矛盾的主要成因进行系统地分析。

(一)教师与家长义务矛盾的主要症结表现

在布迪厄看来，"一个场域可以被定义为在各种位置之间存在的客观关系的一个网(net－work)，或一个构型(configuration)。"[5]从布迪厄对场域的界定出发可以认为，当前教师和家长有关谁该批改学生家庭作业的争论，主要是基于教师和家长所处的场域位置而形成的不同角色之间的对话沟通。具体而言，家长和教师是分属于家庭和学校不同场域之内的角色，具有不同的责任和义务。继而言之，教师与家长之间的义务矛盾症结主要涉及不同场域、不同主体之间的角色以及义务等方面的矛盾问题。

在梳理教师和家长之间义务矛盾形成过程时，结合当前互联网世界中教师和家长之间的争论，可以总结出教师与家长围绕批改家庭作业问题而产生的义务矛盾主要表现是推诿、指责、争执。例如，在日常生活中，教师与学

生、家长与子女之间经常会形成"这个作业不会写就问你的爸爸妈妈""我也不知道你们老师是怎么教的，我也不会啊"等话语。继而言之教师和家长互相推诿是以学生为中介间接进行的，教师与家长并无直接互动。在教师和家长互相推诿的过程中，彼此之间便会逐渐累积不理解、不信任等情绪，并萌生义务矛盾——"这是他该做的事情"。

指责则是在推诿的基础上，教师和家长相互摆明角色和立场，依托网络和现实场域进行直接互动。在互动过程中，教师和家长会互相交流看法。例如，教师讲述家长辅导、批改学生家庭作业对于延续课程知识的重要性，以及促进学生成长的必要性等。而家长则会以自身知识结构、知识水平、时间精力等方面存在的困境据理力争。也正是在这一阶段，教师和家长形成直接对冲和明确的义务矛盾症结——"你为什么不批改作业"。教师和家长之间的义务矛盾升级至争执阶段时，教师和家长谁都无法"忍让"对方。于是就会通过微信、抖音、微博等媒介进行"擂台战""口水战"等，并向公众传递心声，进而导致家长群体和教师群体之间出现舆论混战——"这是你们的职责和义务"。综上可见，从推诿、指责再到争执，教师和家长的关系也很容易达到"冰点"。

（二）教师与家长义务矛盾的主要成因

第一，教师和家长面对的角色不同。布迪厄曾言及资本在场域变动中的重要性[7]。教师和家长分属不同的场域，扮演着不同的角色。从教师和家长所处的场域位置来看，家长是家庭成员，教师则是学校成员。家长主要是通过工作嵌入经济资本，使家庭场域得以运行，子女得以养育。教师主要是通过文化资的嵌入，向学生传递知识和技能，促进学生成长成才。综合以上分析可见，家长主要面对的角色是子女而非学生，教师主要面对的角色是学生而非子女。于是，家长经常说："批改孩子的家庭作业"，教师则经常说："批改学生的家庭作业"。由此便可知晓教师和家长为什么难以相互理解了。

第二，教师和家长的立场不同。教师希望家长能以批改家庭作业的方式，参与到学生教育过程中。因此，教师的主要目的在于提高家庭作业质量的同时，进一步通过家长的参与，巩固并提高学生学习的质量。可是，这一想法有时难以为继。因为，家长经常忙于工作，无暇顾及孩子的学习，尤其是批改家庭作业。这样一来，辅导、批改家庭作业的任务或是更为年长的长辈等人来完成，或是完全缺位。这容易导致的一些现实问题是，更为年长的长辈的知识水平、精力更加有限，无法确保数学、语文、英语等作业的正确性，而且也容易因管理方式粗暴产生隔代冲突。当教师发现学生作业中存在错误，就会训诫家长。反过来，家长则会从改作业、辅导学生等是教师应尽义务出发，形成具有抗拒性、情绪化等特征的话语和行为。例如，曾有家长因为不满教师让其批改家庭作业的问题而退群[6]。

第三，教师和家长受到了外力影响。教师和家长因辅导作业产生义务矛盾后，往往会引发公众的关注和热议。公众的关注和热议作为嵌入教师和家长之间的外力，有时候能够对教师和家长进行理性引导，使彼此之间的矛盾迅速解决。但是，如果公众使用了一些不恰当的语言，则会导致教师和家长的心态发生改变，进而可能使教师和家长个体之间的矛盾进一步升级为教师和家长群体之间矛盾。

综上所论，无论是面对不同的角色、处于不同的场域、拥有不同的立场，还是受到外力的影响等，最终都将导致教师和家长的互动状态发生改变：从推诿到争执的渐次升级。由此可见，维持二人互动的难度[7]。这也凸显出了当前化解教师和家长间义务矛盾的关键点——建构彼此之间的有效沟通。

二、教师与家长义务矛盾的主要影响

教师与家长因批改家庭作业问题而产生的义务矛盾的影响是多方面的。细言之，上述矛盾既可能导致家长、学生与教师之间出现关系摇摆、困惑增生等问题，还可能进一步导致教师和家长之间出现互动失调情况，并可能导致教师群体和家长群体之间的矛盾加深。

(一)关系摇摆

因批改家庭作业问题产生义务矛盾后，教师与家长之间的关系大致会形成三类走向。第一类是在沟通中达成共识，化解矛盾；第二类是并未达成共识，矛盾升级；第三类是彼此之间都不再提及此问题，矛盾隐匿。对以上三类行为走向概括最为贴切的是"关系摇摆"一语——因为，实难明确判断具有主观能动性和复杂心理活动的教师和家长之间的义务矛盾程度及其关系走向。

实际上，如果能够达成共识，教师和家长之间的良性关系也将得到维持；如果教师和家长未达成共识，义务矛盾升级后，将导致教师和家长间的关系

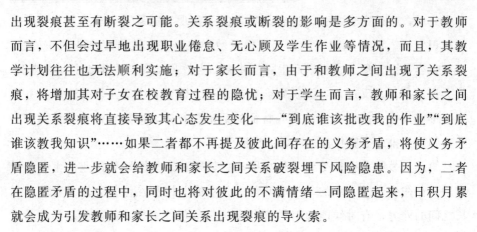

出现裂痕甚至有断裂之可能。关系裂痕或断裂的影响是多方面的。对于教师而言，不但会过早地出现职业倦怠、无心顾及学生作业等情况，而且，其教学计划往往也无法顺利实施；对于家长而言，由于和教师之间出现了关系裂痕，将增加其对子女在校教育过程的隐忧；对于学生而言，教师和家长之间出现关系裂痕将直接导致其心态发生变化——"到底谁该批改我的作业""到底谁该教我知识"……如果二者都不再提及彼此间存在的义务矛盾，将使义务矛盾隐匿，进一步就会给教师和家长之间关系破裂埋下风险隐患。因为，二者在隐匿矛盾的过程中，同时也将对彼此的不满情绪一同隐匿起来，日积月累就会成为引发教师和家长之间关系出现裂痕的导火索。

（二）困惑增生

教师和家长因批改家庭作业而产生的义务矛盾一旦无法得到解决，教师、家长和学生之间的困惑就会不断地增生，并且使得彼此之间的关系变得敏感且复杂。具体表现是教师、家长和学生很容易揪住"为什么'他'不批改作业"的问题不放，增加彼此之间的不理解和隔阂。如此一来，"应该如何教育学生"的问题反而会被搁置甚至被忽视，进而增加学生的困惑："到底谁该教育我""父母教的怎么和老师教的不一样""老师怎么说父母教的是错的"……如果产生了类似这样的困惑，将直接降低学生的学习兴趣和学习效率，并逐渐产生抵触、抗拒等消极行为。承前所述，随着教师和家长之间的困惑升级，学生的困惑也在增加。质言之，这主要是由于在有关"谁该辅导学生作业"的困惑中，教师和家长都只关注到了教育的形式，并没有真正关注到教育的本质——"何以培养学生"的问题。因此，面对以上疑问及其所引发的困惑，教师和家长都应该重新审视当前彼此间因批改家庭作业而产生的义务矛盾。

（三）互动失调

教师与家长之间的互动关系失调将进一步影响到学校和家庭场域之间的关系维系，最常见的结果是学校和家庭之间互动减少。最终，学校和家庭之间将出现严重的场域分化，各自承担其与学生或子女角色相关的义务。虽然，这一看似泾渭分明的场域关系在表面上使得学校和家庭之间划清了职责界限，其实，学校和家庭"二元"关系已然断裂或者处在断裂的边缘，并可能进一步导致学生、家长教师在虚拟和现实的二维空间中出现互动失调、互动减少甚至是互动归零等情况。于是，当学生回到家庭场域中，便会脱离学生这一身份，完全成为子女。当被家长问及作业写没写或者是在学校中都学到了什么的时候，子女往往就会以"我已经回家了这些事情不该你问，也不该你管""上课是老师的事情"等话语作为回应；当学生返回学校场域中，教师看到学生作业中出现大规模的计算错误、书写不够规范等问题时，往往会出现厌教的消极情绪；当学生的考试成绩不理想时，教师和家长之间很容易出现彼此指责没有尽到相关责任和义务的情况，而学生则容易被教师和家长批评没有学好。综合以上分析可见，家长从培养学生知识技能的过程中退出、学校和家庭场域完全划清职责界限等，对于学习和成长方面的不利影响。

（四）舆论升级

当前，伴随着5G、大数据、云计算等信息技术的广泛应用，教师和家长之间的信息交往方式也发生了深刻变化。与此同时，教师和家长往往会就一个具体问题分别在教师群体内部和家长群体内部进行经验传递。可眼下，传递经验越发不受时间和地域方面的限制[8]，于是就会导致一些话题不胫而走，被公众广泛热议，相关舆论也会进一步升级。例如，当越来越多的教师和家长通过互联网论战之时，其他网民也会围绕相关问题见仁见智。随着参与探讨的人数不断增加、话题不断深入，全社会也会逐渐参与到有关教师和家长孰是孰非的大讨论中。这样将导致一种"二重"结果出现：有见解的声音将使教师与家长的义务矛盾逐渐得以化解，并促进教师、家长之间的关系和谐稳定；而那些具有"挑唆性"的噪音，非但不利于教师与家长的义务矛盾化解，还有可能导致教师或家长之间出现隔阂。

综上所述，关系摇摆、困惑增生、互动失调、舆论升级等，不仅有可能会导致家长、教师、学生个体之间的互动出现问题，还有可能导致更大规模的群体性舆论事件形成。因此，有必要采取相关措施重建教师与家长之间的有效沟通，在化解义务矛盾的同时，增进彼此之间的信任和理解。

三、教师与家长的义务矛盾化解的路径

通过上面的论述可以进一步分析到，若想化解教师与家长之间的义务矛盾，必须让他们走出自身场域，进行有效沟通。对此，哈贝马斯的交往行为理论给我们提供了一个重要的切入点。哈贝马斯的交往行为理论强调了公共领域、理解、对话等在有效沟通建构中的作用[9]。因此，应该在学校和家庭

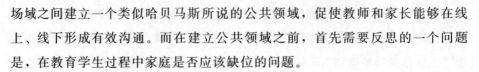

场域之间建立一个类似哈贝马斯所说的公共领域，促使教师和家长能够在线上、线下形成有效沟通。而在建立公共领域之前，首先需要反思的一个问题是，在教育学生过程中家庭是否应该缺位的问题。

（一）家庭应该缺位吗

教师和家长因批改家庭作业作业产生的义务矛盾中，家长从批改学生作业中退出不但受到政策方面的支持，而且还受到广大家长的一致认可。但是，从批改学生作业中退出并不意味着家长完全要从子女教育中撤离出来。因为，父母是孩子的第一任老师，当家庭完全退出子女的教育过程既会影响到"学校—家庭—社会"教育链条完整，又会影响到子女的社会化顺利实现。

基于以上分析，本研究在此提出一是应该充分发挥学校和家庭不同场域、教师和家长不同角色的功能和职责。教师和家长要明确自身的主要义务，教师不能过度要求家长代之行使角色权力，完成角色义务。因为，"家庭的责任在于，家长也要管孩子的作业和学习，但不是像老师那样教授知识，而是要营造良好的作业、学习环境，督促孩子按时按量完成作业，但不是批改作业"[10]；二是应该尽快在虚拟和现实二维空间中建立教师和家长进行有效沟通的公共领域，以作为解决类似问题、促进教师和家长进行有效沟通的重要突破口。如前分析所指，教师和家长是分别站在各自场域和角色立场进行沟通的，有时难以达成有效沟通。而为了使有效沟通尽快达成，就得使教师和家长分别走出学校和家庭这两个场域，进入到一个类似哈贝马斯所说的公共领域中进行沟通。需要强调的是，沟通主要是为了实现相互理解、相互信任和相互协作，从简单的角色行为向理性的目的行为转变；沟通不能只注重形式，而无视实质。换言之，应该注重教师和家长在什么样的场域、运用了什么样的话语等进行沟通的，以及能够产生怎样的结果等。

（二）具体实施路径

承前所述，笔者认为具体应该从以下三点出发解决上述问题。细言之，教师和家长要在明确如何通过家校共育的形式去教育和培养孩子这样一个实质性问题的基础上进行沟通；社会各界要通盘考量有关公共领域建构的问题；有关部门要建立协调教师和家长间关系的组织，力图促进教师和家长之间的义务矛盾得到有效化解，并增进教师和家长之间的信任和理解。

第一，教师和家长要在明确如何通过家校共育的形式去教育和培养孩子这样一个实质性问题的基础上进行沟通。实际上，我们可以看到教师和家长的义务矛盾主要是围绕到底谁来辅导、批改学生家庭作业这一表面问题展开的。即便明确了到底谁该辅导、批改学生的家庭作业，也还会有类似"到底谁该关注学生的成绩""到底谁该关注学生的在校表现"等碎片化问题进一步导致教师和家长之间出现职责不明、角色混乱，甚至是义务矛盾重燃情况，进而使教师和家长之间呈现出"对立状"，极不利于教师和家长之间的义务矛盾化解及学生培养。因此，教师和家长应该深入到问题的实质，如此才能进一步增加学校和家庭两个场域之间的配合程度，充分发挥学校教育的主体性作用和家庭教育的基础性作用[11]，共同促进孩子的学习进步和健康成长。

第二，社会各界要通盘考量建立公共领域的问题。建立公共领域需要注意一是公共领域的性质问题。应该确保公共领域的公共性、严肃性。虽然，公共领域要独立于学校和家庭之间，但是也不能以酒吧、饭店等场所进行替代。因为，那样很容易导致沟通双方出现随意性、娱乐性等心态，降低教师与家长的沟通效果；二是谁来建立公共领域的问题。公共领域主要应该由教师和家长共同来建立。因为，他们有共同的矛盾、共同的困惑和共同的需求。但是，这并不意味着教育部门和新闻媒体等完全退居幕后。它们要在公共领域建立和管理的过程中发挥引导、协调、监督等作用，以完善公共领域的运行机制，引导并促进教师和家长进行有效沟通；三是在构建公共领域的过程中，不能紧盯现实生活中的公共领域，像微信群、QQ群等网络公共空间，也要加强建设和管理工作。因为，一些细小的话题能在不经意间引发整个网民群体的关注。例如，前文所述及的有关到底谁该来批改学生作业这样一个问题，就曾激发很多网民发表自己的见解。因此，必须加强对微信群、QQ群等虚拟公共领域的规划、建设和管理工作。有关教师和家长在线上沟通还是线下沟通的问题，要因时制宜、因事制宜。

第三，有关部门要建立协调教师和家长间关系的组织。建立协调关系组织的目的主要是为了确保教师和家长能够进行有效沟通的同时，避免双方矛盾升级和扩大。故而有关部门需要注意一是所要建立的协调教师和家长间关系的组织要独立于教师和家长，处于中立位置；二是组织在发挥协调作用时，要善于将情感治理、情感宣泄、情感教育等情感治理手段与相关刚性法规措施结合，建构"情感＋法规"的刚柔并济治理理路，协调和控制教师和家长关系，避免教师和家长因为某些问题而针锋相对，相持不下；三是组织内部还要有相应的引导机制。引导机制既要能够引导教师和家长分别走出学校和家庭的场域，进入到公共领域中进行对话和沟通，更要能在沟通过程中正确使用语词，达到理想的沟通状态和效果[12]；四是组织内部还要尽早建立风险预判机制，以防止教师和家长在沟通过程中出现突发状况后，能够得到及时和有效应对。尤其是要避免教师和家长之间的义务矛盾进一步升级为教师群体和家长群体之间的舆论混战。

总而言之，由家庭作业批改而产生的义务矛盾，折射出了协调教师、学生和家长等多元主体之间关系的重要性。需要提到的是，本研究也仅仅是基于场域理论和交往行为理论提到了解决相关问题的思路，却没有将上述思路加以实践，而这也是在后续研究中有待深化的问题。

参考文献

[1]彭飞. 家庭作业成了家长作业[N]. 人民日报，2019－7－12(5).

[2]教育部：明确教师不得通过微信、QQ等方式布置作业[J]. 中小学德育，2019(2)：77.

[3]教育部将采取三方面举措治理"家长作业"要求家长完成或批改作业的发现一起，严处一起[N]. 海南日报，2020－12－11(A14).

[4]刘拥华. 从二元论到二重性：布迪厄社会观理论研究[J]. 社会，2009(3)：101－132＋226.

[5][法]布尔迪厄，[美]华康德. 反思社会学导引[M]. 李猛，李康译. 北京：商务印书馆，2015：122.

[6]姚晓丹. 本该成为家长和老师之间融合沟通好帮手的微信群，怎么变成了"压力群""冲突群"——"微信群"能否将家与校拧成一股绳[N]. 光明日报，2020－11－6(9).

[7][德]西美尔. 社会学[M]. 林荣远译. 北京：华夏出版社，2002：52.

[8]刘少杰. 传递经验的地位提升、社会作用与尖锐挑战[J]. 江海学刊，2018(5)：115－124＋238－239.

[9]杜建军. 论新型师生关系的构建——基于哈贝马斯交往行为理论的研究[J]. 河南大学学报(社会科学版)，2018(4)：129－135.

[10]殷伟荣. 让家长批改作业岂止是师德有亏使然[N]. 中国青年报，2020－12－7(8).

[11]张烁. 家校共育携手同行[N]. 人民日报，2020－11－19(5).

[12][德]哈贝马斯. 交往与社会进化[M]. 张博树译. 重庆：重庆出版社，1989：121.

延期博士研究生兼职网课教师：
动因、影响及引导策略①

摘 要：面对延期、学业奖学金和助学金停发等原因引发的生存压力，部分深感"无助"的博士研究生通过兼职网课教师的方式进行了自我突围，并成功地实现了"自助"。反思延期博士研究生兼职网课教师现象可以看到，兼职网课教师一方面有助于缓解延期所带来的各种压力，并促进博士研究生的职业化和社会化发展。而另一方面还有可能使延期博士研究生因盲目、过度地追求兼职带来的收益，反倒加重了延期毕业的负担。因此，有必要在深入剖析延期博士研究生兼职网课教师的动因及影响等基础上，进一步提出引导延期博士研究生理性兼职的具体化策略。例如在面对延期这一常态化问题时，高校和导师应该鼓励并引导好博士研究生群体以兼职网课教师这种"自助"的方式，摆脱生存及心理方面的压力和困境；社会各界应该善引善用延期博士研究生这一群体；广大延期的博士研究生要理性看待兼职。

关键词：生存压力；网课教师；博士研究生；自我实现

一、引言

提高博士研究生培养质量是落实好党的十九届五中全会提出的"建设高质量教育体系，到 2035 年建成教育强国"[1]宏大愿景的重要环节。然而随着当前国内博士研究生培养过程中的"毕业难"现象不断衍生[2]，延期博士研究生群体"望洋兴叹"、培养单位"爱莫能助"和招聘单位"求贤若渴"的多面性困局也日渐成型。其中，延期博士研究生群体之所以会"望洋兴叹"的一个重要原因是由于学业奖学金、助学金等停发带来的生存压力。需要指出的是，这种生存压力有可能导致延期毕业的博士研究生产生无心科研、无力写作、无意

---

① 需要说明的是，这是笔者撰写的一篇论文，可以对本书中的一些观点进行补充，并进一步形成有关教育发展方面的研究论点。

发展等"内卷化"的风险。由此可见，解决延期博士研究生生存压力问题的重要性及必要性。

从现实层面来看，面临延期所导致的学业和生活上的双重困境，有些博士研究生采取了"离校返乡"之举，以"在家科研"替代"在校科研"，减少自己的日常生活开销。还有一些博士研究生选择在学业之余从事送外卖、做家教等副业，开启"半工半读"模式。同时，一些高校通过提供兼职辅导员岗位等举措，以缓解这些无固定经济来源的延期博士研究生的生存压力。但是，以上这些举措虽然能够暂缓延期博士研究生的一些生存压力，但还是有可能导致其在科研和兼职之间产生新的困惑。

承前所述，延期博士研究生生存压力下的行为选择不失为一个很好的研究选题。但学界目前关于此方面的研究可谓是寥若晨星。一方面，相关著述主要聚焦于延期博士研究生的毕业率统计[3]、影响因素[4]及治理策略[5]等方面的议题。其中，在有关博士研究生延期毕业的治理策略中，虽然有学者提到了改革博士研究生培养机制等具体策略，但是，这些策略一是过于宏观。二是对于处于延期状态博士研究生而言，已经没有什么实质性意义了。另一方面，关于博士研究生兼职现象，学界主要是对高校博士研究生兼职辅导员的工作模式[6]和工作策略[7]等展开了一些基础性探索，缺少专门对延期博士研究生主动兼职，尤其是兼职网课教师行为的动机和意义进行具体分析，这不但给本研究提供了一个切入点，而且也使得本研究具备了一定的创新性和现实意义。基于以上问题，本研究以访谈法①为主要研究方法，对生存压力下延期博士研究生兼职网课教师现象进行了反思，力图为延期博士研究生等青年群体的发展研究提供一些反思和借鉴。

二、缘何"无助"：延期博士研究生生存压力来源及其兼职网课教师的动因

从"延期博士研究生生存压力来源及其兼职网课教师的动因"这一标题可以看出，笔者不是在重复叙述延期博士研究生为何会产生生存压力这一常识性问题，而是基于"延期博士研究生生存压力来源"，进一步解析延期博士研

---

① 主要包括对兼职网课教师的延期博士研究生和一些接受网络在线教育的考研学生的访谈。

究生兼职网课教师的动因。如此一来，关于延期博士研究生缘何"无助"的叙述也就具备了一定的逻辑性。

(一)延期博士研究生生存压力来源

延期博士研究生之所以会产生生存压力并感到"无助"，与学业奖学金、助学金"断流"直接相关。学业奖学金和助学金是博士研究生得以维系日常生活运转、开展科学研究和满足自我实现需要的"压舱石"[8]。但是，如果未能在规定的毕业时限内毕业，学业奖学金和助学金就会停发。因此，当延期的风险骤至，早就习惯了在固定时间得到资助的博士研究生往往会产生科研无力感、生活无助感、前途迷茫感等"内卷"心态。例如，有研究对象曾感慨道：

"最开始我很害怕，也挺矛盾的。毕竟都快三十岁了，还怎么好意思和家里要钱呢？但是，学校这边也停了助学金什么的，这让我感到非常无助，或者说是无奈吧！我每天晚上压力都很大，想着延期毕业、没有稳定收入还有写论文等等乱七八糟的事情，我就很闹心，睡不着。好几天我的情绪都不太对，总之，那几天很烦。"(访谈编号：20190916)

"奖助学金停发以后，压力一下就上来了。后来我也没心思弄科研了，平复了几天才缓过来。"(访谈编号：20190925)

综上所述，延期博士研究生之所以会产生生存压力，主要是因为维系其"学术研究"和"博士毕业"之间的"经济基础"缺失导致的。马克思曾指出："人们为了能够'创造历史'，必须能够生活。但是为了生活，首先就需要吃喝住穿以及其他东西。"[9]这即是说，在"吃喝住穿"等基本需要难以得到确切保障的前提下，延期的博士研究生不但无法全身心地投入到科学研究中，而且他们实现从"博研究生"到"博士"身份转变的路途也将愈加坎坷和艰难，博士毕业后的美好人生愿景也渐渐成为一种奢望。

(二)延期博士研究生兼职网课教师的动因

之所以对延期博士研究生兼职网课教师的动因展开分析，是因为在延期博士研究生兼职网课教师这一现象内部，存在着一个生理需要和自我实现需要互构的动态因素逻辑。

按照马斯洛(Abraham Harold Maslow)关于"需要层次"的论述来看，任何"需要"都应该以"生理需要"实现为前提。"如果生理需要和安全需要都很好地得到了满足，爱、感情和归属的需要就会产生，并且以此为中心，重复已描述过的整个环节。"[10]本研究一再提及的生存压力，其实与延期博士研究生的生理需要直接相关。细言之，面对可能出现或者已经出现的奖学金和助学金收入这一"经济基础"缺失情况，有的博士研究生主动出击，自觉联系一些网课教育平台，从事兼职网课教师的工作。这样既能在弥补生理需要断层的同时重启延期博士研究生满足自我实现需要的信心，而且还能在满足其自我实现需要的同时增强自身的抗逆力。

1. 弥补生理需要断层与重启自我实现需要

手机、电脑等工具媒介不断更新迭代，给广大青年参与网络社会的建设、运行和发展提供了便利[11]。得益于智能手机、微信等新媒体技术，广大延期博士研究生也才迅速地找到了兼职网课教师一类的工作。例如，有研究对象曾说道：

"我是因为延期了嘛，一想到说延期'断粮'就很绝望。后来，听到有同学说不行上网打工。刚开始我还纳闷，以为她让我去干淘宝。后来才知道，原来是去关注 XSZ 这个微信公众平台发布的招在读博士研究生参与考研和考博专业课程讲解、发表学术论文的经验分享，还有就是写一些有关读博期间感悟的文章。我好像看到这个信息三四天，然后通过后台联系了一下就被录用了。再后来我就成了这里的兼职老师，主要是在线讲一些考研的专业课。"（访谈编号：20201115）

从上面这段访谈资料能够看出，是"断粮"这一实际情况引发了延期博士研究生"寒耕暑耘""屯粮果腹"的强烈欲望。与此同时，XSZ 这类网课平台给延期的博士研究生走上"云讲台"提供了重要的契机。如此一来，延期博士研究生就可以结合自己的专长重建消解生存压力的"经济基础"。

2. 满足自我实现需要的同时增强自身抗逆力

自我实现之真意在于自身价值得到真实且有效的体现。虽然已经延期或处在延期的边缘，但是这些博士研究生通过教育资本的累积，以满足自我实现需要的想法始终没有改变。于是，在选择兼职工作的时候，他们往往会以自身的职业发展规划为参照系。例如，有研究对象曾说道：

"我想当老师，当大学老师。于是，只能努力写论文、改论文、投论文，然后就是盼日子。日子太难熬了，一个不小心就等到了'延期'，自己想想有时候也很'无助'。幸好我在博三上学期就预料到可能会延期，于是就开始找上网课的那种兼职。现在我感觉自己很英明啊！就算现在延期了，我也不那么担心了，写论文、上网课等等很多事情如果我协调好，就能一起推进。"（访谈编号：20210205）

　　上面的这段访谈文字间接显露了延期的博士研究生按照成为一名大学教师的职业发展规划，选择兼职网课教师的思路。由此可见，兼职网课教师其实是在"预热"自己毕业后的梦想。因此可以更进一步地说，延期的博士研究生兼职网课教师除为了满足自己的生存需要、缓解生存压力外，亦是以适宜的方式实现自我价值，满足自我实现的需要。此外，在通过兼职网课教师平衡收支、继续科研的过程中，博士研究生看待延期逆境的心态以及处理延期逆境的能力也在不断地增强。

　　综合以上访谈分析可以看到，延期博士研究生兼职网课教师的动因逻辑（如图1所示）。即在规定的毕业时限内，其生理需要主要是凭靠国家和学校的奖助学金保障的，所以，他们可以竭尽全力地向满足自我实现的需要冲奔。当延期到来后，因为"经济基础"缺失，一些延期博士研究生则会暂缓追求自我实现的需要。而通过兼职网课教师等方式重新满足自身生理需要后，延期博士研究生就会突破来自生存困境的无助感，重拾追求自我实现需要的动力。

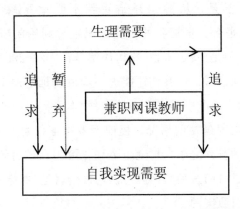

图 1　延期博士研究生兼职网课教师的动因逻辑

三、"有准备"和"无准备"：延期博士研究生自我突围的路径选择

　　弗洛伊德（Sigmund Freud）在建构本我、自我和超我之间的关系时曾说

道："知觉对于自我的重要性就如本能对于本我的重要性。"[12]进一步将弗洛伊德所说的"知觉"引入到延期博士研究生自我突围的路径选择分析中，就能够细化出"有准备的自我突围"和"无准备的自我突围"两条具体的突围路径。

(一)有准备的自我突围

所谓"有准备的自我突围"，主要是指博士研究生通过"知觉"获取到相关信息，并感知延期的风险将要来临后，及时采取了兼职网课教师等办法防范和化解风险。例如，从前面的一些访谈事例中我们可以看到，有的博士研究生预测到可能会延期后，便先行寻找了兼职网课教师的工作。他们采取的这一行动不但及时避免了学业奖学金和助学金"断流"所导致的生存压力出现，而且还使自己提前进行了职业训练。这也充分印证了一句古语："凡事预则立，不预则废。"(《礼记·中庸》)在此需要说明的是这种"有准备的自我突围"得以成立的前提是，博士研究生能够对延期风险进行准确的预判，以及对自身时间、知识和技术等条件具有理性的认知。例如，有研究对象说道：

"这个东西可不是谁想兼职就兼职的。(我认为)得看谁需要兼职吧！我从博一入学开始写论文和发论文，一直没结果。后来和一些师兄师姐沟通发现，毕业的确挺费劲的。而且，他们很多人还在抱怨'活不下去了'。(为了避免出现他们那种情况)于是，从博二开始我就不断地联系了像 KXQ、XSZ、HBLW 这样的网课平台，根据我的专业情况吧，利用闲暇时间做一些兼职。现在真的延期了，(但是)我也不怕。"(访谈编号：20210206)

其实，通过上面这段访谈我们还能进一步发现延期博士研究生的这种"有准备的突围"主要源自于其"知觉"之中的一种"本能"。这种"本能"促使一些博士研究生面对可能出现延期的情况，提前网罗兼职信息，并在延期到来之前步入兼职网课教师的行列之中，自觉防范和化解生存压力等风险。由此而言，上述博士研究生所具备的这种"自觉"意识，恰恰就是"本能"的直接外显形式。

(二)无准备的自我突围

所谓"无准备的自我突围"，主要是指在延期到来以后，博士研究生依照自身条件，"本能"地寻找各种可能从事的工作，以化解生存压力、心理焦虑等现实困境。如是观之，"无准备的自我突围"颇有一种"大海捞针"式的盲目感。进一步分析还可以看到，"无准备的自我突围"的主要成因一是博士研究生对延期及其可能引发的生存压力等风险估计不足；二是缺少兼职经验。例如，有研究对象曾说道：

"我一直在大学里读书，读了 10 年了，没干过兼职。我本来都没想过可能会延毕，可是小论文没发出来，这也没办法。一说延期，我头都大了，真不知道该怎么办。后来，我听舍友说去带家教吧，可是一问价钱，一个小时才 50 块钱，太不值了！我觉得应该找一个差不多一点的兼职。后来，我一个同学问我能不能上那种网课。我上了一节，效果还不错，过几天就有工作人员联系我了，我也就在一直那个网课机构兼职代课。"（访谈编号：20210405）

通过上面这段访谈还可以看到，在对延期及其可能引发的生存压力等风险估计不足和不具备兼职经验的前提下，延期的博士研究生主要是通过一些"弱关系"——例如，通过同学的提醒或者介绍，无意间找到了适合自己的兼职工作。而这也映衬了格兰诺维特（Mark Granovetter）之言："除了职业关系，任何基础之上的社会熟识关系都会发挥类似的功能。在互助会组织运动、娱乐或嗜好群体、邻里、大学中结识或在暑假结识的朋友都提供了一些可能性，都会被期待着在发生重要的工作变动时过度地发挥个人关系的作用。"[13]

（三）两种突围方式的比较

如果想要深入理解延期博士研究生自我突围的路径选择，则需要在分解"有准备的自我突围"和"无准备的自我突围"两种路径的基础上，进一步对这两种突围路径进行比较。

首先，从共性的角度来看，"有准备的自我突围"和"无准备的自我突围"两种路径都是延期博士研究生为化解生存和心理等方面压力而采取的重要举措。其次，从差异化的角度来看，一是"有准备自我突围"的主体范围比"无准备自我突围"的主体范围要大一些。细言之，"有准备自我突围"的主体既包括延期的博士研究生，也包括那些可能将要延期的博士研究生。而"无准备自我突围"的主体主要包括已经延期的博士研究生；二是"有准备自我突围"的博士研究生因为预知了延期风险的到来，故而，其看待延期的心态要强于那些"无准备自我突围"的延期博士研究生；三是相比于"无准备自我突围"的延期博士研究生，有准备自我突围的博士研究生因为提前兼职的缘故而较早地适应了兼职网课教师的角色，所以他们能够较好地权衡兼职和科研之间的关系。而那些无准备自我突围的博士研究生，往往要在寻找兼职工作、平衡兼职和科研之间的矛盾等问题上花费一些心思。综上可见，预知延期风险和尽早兼职

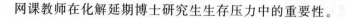

网课教师在化解延期博士研究生生存压力中的重要性。

四、积极与消极：延期博士研究生兼职网课教师的多维影响

从积极与消极两个层面出发对延期博士研究生兼职网课教师这一现象进行深入研究就会发现，兼职网课教师不仅能给延期博士研究生带来生理层面需要的满足、心理层面压力的缓解以及预先适应职业角色等积极影响，同时也会因为延期、备课和教学间的矛盾而产生一些消极影响。

(一)积极方面的影响

1. 生理上的需要得到满足

从积极的一面来看，延期博士研究生兼职网课教师，首先将扭转由延期"断粮"所引发的颓势，使其生理方面的需要得到满足，生存压力直接得到缓解。例如，有研究对象曾说道：

"具体的收入我不太方便说。但是我能和你大概讲讲就是我 1 小时能赚到差不多 300 块钱，超出 1 小时的时间还会单独计费。我每个月大概能上到 5 节课左右。当然，上完几次课中间还要给考生们进行答疑，就是解答一些专业课学习上的困惑和择校上的困惑，这些每个月还能多上差不多 3 次课。所以，每个月我挣的课费能和我之前每个月发的奖助学金基本持平吧！这就很可以了。"(访谈编号：20200919)

延期博士研究生兼职网课教师的收入还是很可观的。只在规定的一段时间内集中授课，"足不出户"每小时就能有近 300 元左右收入进账。设想一下，如果延期博士研究生一天在多个网络教育机构兼职，或者增加在一个网络教育机构的兼职课时，很容易获得更大的收益，并筑牢更好满足生理方面需要、改善生活品质的物质基础。

2. 心理上的压力得到缓解

当生理方面的需要得到满足后，延期博士研究生心理方面的压力自然会得到一定的缓解。最直接的例证是，我们的访谈对象都有"兼职网课教师能缓一口气"这类的表述。例如，有研究对象曾说道：

"兼职了，赚钱了，日子就好过多了，尤其是那心里啊，不那么堵挺了。什么焦虑啊、迷茫啊，也都没有了。你问我兼职这个网课教师的感触，我只能说兼职网课教师能缓一口气，别人也不用再嘲笑我'读废了'。"(访谈编号：

20200915)

　　其实，进一步解构上面提到的"一口气"还可以看到，延期"断粮"不仅会导致博士研究生在物质层面出现"无助"的情况，而且也会导致其在精神层面出现焦虑和无奈等"虐心"感受。这些"虐心"感受日久年深还可能进一步衍生为广大延期博士研究生群体的心理"通病"。如此一来，很多延期博士研究生就会被他人戏称为"读废了的人"。再从我们所研究的这群主动出击兼职网课教师的延期博士研究生的情况来看，他们通过有效的"自助"方式不但避免了上述心理压力的出现，而且还延续了自己对于学术研究的期待。

　　3. 职业上的规划得到预演

　　基于访谈资料（访谈编号：20210205）可以看到，延期博士研究生兼职网课教师，还满足了他们某些自我实现的需要——例如，"当大学老师"。虽然，这种"大学老师"并非正式的高校教师身份，但却使延期博士研究生职业生涯规划得到了一次预演。由此可见，延期这一事实并未阻止博士研究生的职业期待和实践。他们仍然可以通过兼职网课教师的方式，推进自身的职业化发展。与此同时，这也有助于加快延期博士研究生的社会化进程。例如，有研究对象曾说道：

　　"我以前总想当大学老师，但是没想到能当这种网课教师。其实现在想想如果以后能够在大学工作之余，继续在网络上做这种兼职也不错啊！因为，像这种在线学习、云教学，以后肯定是大趋势。我也挺幸运的，能抓住这个机会。而且以后我也得想办法抓牢这个机会，提高自己的收入。可不能成为那种有经济压力的'青椒'啊！"（访谈编号：20200418）

　　作为兼职网课教师的延期博士研究生既有"兼职"亦有"自省"。最直观的表现是他们并没有局限于"兼职能够解决眼下生存困境"这一固化认识，反而在兼职的过程中对自己的职业生涯有了更进一步的规划和思考。由此可见，兼职网课教师这类职业经历着实有助于延期博士研究生自我效能感的形成与提高。

　　4. 专业性的知识得以速递

　　网络世界中的考研知识和经验的真伪性、专业性和准确性，一直受到社会各界的广泛热议。很多业余的解释、虚假的野史、失实的解读等在网络世界中大行其道的一个重要原因是缺少专业性的人员将"真知"广泛带入到网络世界中。而延期的博士研究生兼职网课教师，恰好助推了专业性的知识、技术和经验等"真知"在网络空间中速递。这不但能使人们学到具体、正确的专业课知识，而且还能使人们将所学到的"真知"加以灵活运用。例如，有参加网课的同学曾说道：

"我属于三跨考生（跨专业、跨学校、跨地区），需要补专业课。确定要考哪所大学，知道要考什么专业书后，我就报了一个考研班。上课的老师是一个在读博士，讲的还挺好。尤其是他让我听明白了舒茨和哈贝马斯关于'主体间性'的认识。以前，我在一些帖子上也看过对这个词的理解，但是，感觉比网课老师讲的差好多啊！"（访谈编号：20200616）

"我们的网课老师不仅仅教怎么学习，还教我们怎么答题得高分，我觉得这是最重要的。他有一句口头禅我觉得很有意思：'要运用这类专业性的词语提高你答题的专业化水平'。"（访谈编号：20200704）

此外，对于从事兼职网课教师的延期博士研究生而言，传递专业性知识，亦是在"做中学"，将专业性知识及自身研究成果等统一于兼职实践中。这对于其知识素养的提升、研究视野的开拓等具有重要意义。

（二）消极方面的影响

从消极的一面来看，虽然，兼职网课教师可以缓释延期博士研究生的生存及心理等方面的压力，但是，制作 PPT 备课、梳理考研真题、答疑等仍然会占据大量的科研时间，而这则会导致从事网课教师的延期博士研究生产生新的压力。例如，有研究对象曾说道：

"做 PPT 真的很费时间！因为，这个 PPT 还不是把每一个知识点讲清楚，（而是）要把每一个知识点和考点相结合，最好能以那种考研真题的形式出现。太烧脑了！而且，我每天做 PPT 要做到很晚，毕竟还要写论文嘛，所以有时候就会焦虑，睡不着。"（访谈编号：2021016）

根据这段访谈资料可以进一步总结出兼职网课教师给延期博士研究生带来的两方面消极影响。一是时间冲突。"延期"本身就会加重博士研究生毕业以及满足更进一步自我实现需要的时间成本，而现在又要削减论文写作和读书的时间进行备课和上课。如此一来就会使一些从事兼职网课教师的延期博士研究生在忙碌之中愈加"茫然"；二是身份冲突。初登"云讲台"的延期博士研究生，在扮演"网课教师"这一角色时，很容易受到自身知识结构、授课经验、讲解能力的局限而出现角色不清、职责不明、行为混乱等情况。这不但会影响到他们授课的信心和质量，而且还会影响到相关辅导机构以及学生对他们的信任。于是，延期博士研究生在兼职网课教师的过程中，就会产生一个包括延期压力、备课压力、教学压力等为一体的复杂焦虑心态。

综上所述，我们可以看到延期博士研究生兼职网课教师所能产生的多维影响。系统认识这些影响不但有助于我们深入理解延期博士研究生兼职网课教师过程中主要存在的问题，而且也能使我们就此提出一些具有针对性的观点和建议。

五、总结与思考

总结前文我们能够对延期博士研究生兼职网课教师的动因逻辑、主要方式和多维影响等形成系统认识。以上分析不但有助于我们理解广大延期博士研究生行为选择及其动机之间的关系，而且也能够为高校开展延期博士研究生管理工作提供一些有益启示。

首先，面对延期这一常态化问题，高校应该鼓励并引导好博士研究生群体以兼职网课教师这种"自助"的方式，摆脱生存及心理方面的压力和困境。有学者指出："博士生教育须始终以关怀生命为根本，关注博士生的生存状态、尊重博士生学术生命的独特性和完整性，满足博士生潜能发挥与自我实现的内在需求。"[14]兼职网课教师虽然与学生应该以学习为天职的固化认识相左，但是，如果从事的是有关本专业的兼职教学工作，还是有助于博士研究生在应用专业知识的过程中，进一步对相关知识加深领悟。因此，高校应该从兼职网课教师这种"自助"方式对促进延期博士研究生生存压力缓解、心理需求调适、知识技术应用、职业角色适应等方面的诸多益处中，看到职业化的实践对于博士研究生发展的重要性。

其次，社会各界应该善引善用延期博士研究生这一群体。所谓"善引善用"主要是指一些网络教育平台应该善于引导和用好已经延期博士研究生，与他们共享新媒体时代的"兼职红利"。而这一方面需要网络教育平台整合各类资源，为广大延期博士研究生提供一些适宜的岗位，让他们能够利用好学术研究之余的时间，进一步找到存在的意义和价值。另一方面需要社会对于延期博士研究生这一群体多一些信任、认可和理解等"善意"，不能因为延期就

对其在兼职的过程中百般"刁难"。

最后，广大延期的博士研究生要理性看待兼职。换言之，延期博士研究生一是要"干一行，像一行"，以高度的责任心做好兼职工作，不能因为"兼职"而"心不在焉"。二是应该注意兼职的"度"，清楚科研是主业，兼职是副业，不能"本末倒置"将兼职看成是眼下的一种"谋利"手段。基于上述访谈我们不难看到，兼职网课教师有可能使博士研究生获得丰厚的利润。但从另外一方面来看，这种丰厚的兼职利润很容易"诱惑"延期的博士研究生忽视学术研究盲目谋求兼职网课教师带来的收益，进而加重延期负担。因此，一方面广大延期博士研究生要在兼职和科研之间保持理性，明己所需、尽己所能地适度兼职；另一方面则需要广大学者从社会学、教育学、经济学等学科视角出发，在透视延期博士研究生兼职网课教师现象的过程中，提出更具有针对性的引导策略。

参考文献

[1]中共中央关于制定国民经济和社会发展第十四个五年规划和二〇三五年远景目标的建议[N]. 人民日报，2020-11-4(1).

[2]李静月，张肖梅，黄富贵，王丽霞. 博士生"毕业难"现象分析及对策研究[J]. 集美大学学报(教育科学版)，2017(6)：50-57.

[3]高耀，陈洪捷，王东芳. 博士生的延期毕业率到底有多高——基于 2017 年全国离校调查数据的实证研究[J]. 研究生教育研究，2020(1)：42-51.

[4]鲍威，张心悦，吴嘉琦. 博士生延期毕业影响因素的实证研究[J]. 江苏高教，2020(7)：31-38.

[5]绳丽惠. 博士生延期毕业现象：影响因素与治理策略[J]. 学位与研究生教育，2019(6)：60-64.

[6]曹正罡，万宗帅，范峰. 博士研究生兼职辅导员工作模式思考[J]. 教育教学论坛，2018(11)：203-205.

[7]苏岩，贾晨，万宗帅，赵德志. 新时代高校博士生兼职辅导员工作策略研究[J]. 科技资讯，2019(14)：255-256.

[8]李航，李庆，郭云. 博士研究生助学金激励机制及其影响因素分析——基于 1502 份满意度调查问卷的实证研究[J]. 现代教育科学，2021(1)：108-114＋128.

[9]马克思，恩格斯. 马克思恩格斯选集(第一卷)[M]. 北京：人民出版社，2012：158.

[10][美]亚伯拉罕·马斯洛. 动机与人格(第三版)[M]. 许金声等译. 北京：中国人民大学出版社，2007：26.

[11]第 47 次《中国互联网络发展状况统计报告》[EB/OL]. 中华人民共和国政府网：http：//www. cac. gov. cn/2020-09/29/c_1602939918747816. htm，2020-9-29.

[12][奥]西格蒙德·弗洛伊德. 自我与本我[M]. 涂家瑜，李诗曼，李佼娇译. 北京：台海出版社，2016：204.

[13][美]马克·格兰诺维特. 找工作——关系人与职业生涯的研究[M]. 张文宏等译. 上海：格致出版社：上海人民出版社，2008：37.

[14]和平，宫福清，闫守轩. 博士生知识焦虑的多维透视及其消解策略[J]. 研究生教育研究，2020(1)：22-26.

参考文献

一、期刊文献

[1]《申新職工子弟學校概況》,《教育與職業》1934 年第 6 期。

[2]《中华人民共和国义务教育法》,《人民教育》1986 年第 5 期。

[3]路风:《单位:一种特殊的社会组织形式》,《中国社会科学》1989 年第 1 期。

[4]姜润先:《厂办子弟教育的优势》,《湖南教育》1989 年 Z1 期。

[5]周大平:《让弱智儿童自立于社会》,《瞭望周刊》1990 年第 5 期。

[6]钟祖荣:《厂矿子弟学校的运行及其机制》,《中小学管理》1991 年第 3 期。

[7]李汉林:《中国单位现象与城市社区的整合机制》,《社会学研究》1993 年第 5 期。

[8]王东成:《"老三届"的文化历史命运》,《中国青年研究》1994 年第 3 期。

[9]孟祥宝:《职工子弟学校教育环境分析》,《山东教育科研》1994 年第 6 期。

[10]金唯忠:《试论国有企业子弟学校的现状与走向》,《韶关大学学报(社会科学版)》1995
年第 1 期。

[11]申诚钧:《对地勘单位子弟中小学办学取向的思考》,《中国地质教育》1995 年第 4 期。

[12]武杰:《存乎、亡乎,厂办子弟学校—建立现代企业制度过程中的厂办子弟学校的现
状调查》,《教师博览》1995 年第 7 期。

[13]张玉亮:《红军初创时期的供给制与经济民主》,《党史博采》1996 年第 4 期。

[14]包志勤:《"单位人"向"社会人"的转换与工会工作变革》,《工会理论研究(上海工会管
理职业学院学报)》1999 年第 1 期。

[15]景天魁:《中国社会发展的时空结构》,《社会学研究》1999 年第 6 期。

[16]车广友:《难忘的供给制——忆东北解放战争岁月》,《党史纵横》1999 年第 9 期。

[17]何玉润:《"单位人"的伦理选择—由宗法文化的特质谈起》,《西安石油学院学报(社会
科学版)》2001 年第 1 期。

[18]刘菁、林艳兴:《计划经济体制下的"单位人"将逐步转向市场经济体制下的"社会人"
人事代理催生"社会人"》,《瞭望新闻周刊》2001 年第 45 期。

[19]文军：《反思社会学与社会学的反思》，《社会科学研究》2003 年第 1 期。

[20]刘亚秋：《"青春无悔"：一个社会记忆的建构过程》，《社会学研究》2003 年第 2 期。

[21]刘志昌、吴猛：《社区选举中单位人选举权的探讨——以 B 社区直选为个案》，《社会主义研究》2005 年第 4 期。

[22]张济顺：《上海里弄：基层政治动员与国家社会一体化走向(1950—1955)》，《中国社会科学》2004 年第 2 期。

[23]汪和建：《自我行动的逻辑理解"新传统主义"与中国单位组织的真实的社会建构》，《社会》2006 年第 3 期。

[24]郝彦辉、刘威：《制度变迁与社区公共物品生产——从"单位制"到"社区制"》，《城市发展研究》2006 年第 5 期。

[25]李汉林：《转型社会中的整合与控制——关于中国单位制度变迁的思考》，《吉林大学社会科学学报》2007 年第 4 期。

[26]田毅鹏：《"典型单位制"的起源和形成》，《吉林大学社会科学学报》2007 年第 4 期。

[27]柴彦威、陈零极、张纯：《单位制度变迁：透视中国城市转型的重要视角》，《世界地理研究》2007 年第 4 期。

[28]何重达、吕斌：《中国单位制度社会功能的变迁》，《城市问题》2007 年第 11 期。

[29]黎辉、陈牛则：《论厂矿子弟学校与企业分离的对策》，《当代教育论坛(宏观教育研究)》2007 年第 11 期。

[30]李路路、苗大雷、王修晓：《市场转型与"单位"变迁再论"单位"研究》，《社会》2009 年第 4 期。

[31]李路路、王修晓、苗大雷：《"新传统主义"及其后——单位制的视角与分析》，《吉林大学社会科学学报》2009 年第 6 期。

[32]田毅鹏、吕方：《单位社会的终结及其社会风险》，《吉林大学社会科学学报》2009 年第 6 期。

[33]崔月琴：《后单位时代社会管理组织基础的重构——以"中间社会"的构建为视角》，《学习与探索》2010 年第 4 期。

[34]田毅鹏、刘杰：《"单位社会"历史地位的再评价》，《学习与探索》2010 年第 4 期。

[35][日]田中重好、朱安新：《中国社会结构变动和社会性调节机制的弱化》，《学习与探索》2010 年第 4 期。

[36]田毅鹏、刘杰：《"单位社会"起源之社会思想寻踪》，《社会科学战线》2010 年第 6 期。

[37]高萍：《社会记忆理论研究综述》，《西北民族大学学报(哲学社会科学版)》2011 年第 3 期。

[38]潘嘉、谢志强：《"单位人"变"社区人"对社会管理提出的新挑战》，《中国党政干部论

坛》2011 年第 11 期。

[39]田毅鹏：《转型期中国城市社会管理之痛——以社会原子化为分析视角》，《探索与争鸣》2012 年第 12 期。

[40]周勇：《理论建构、学术共同体与社会基础——当代中国教育社会学的前沿进展反思》，《教育学术月刊》2013 年第 1 期。

[41]田毅鹏、李珮瑶：《计划时期国企"父爱主义"的再认识——以单位子女就业政策为中心》，《江海学刊》2014 年第 3 期。

[42]赵丹青、康丽颖：《单位制学校的变迁——十化建子弟学校学生的记忆》，《教育学术月刊》2015 年第 4 期。

[43]张小丽：《"德育""智育""体育"概念在近代中国的形成考论》，《教育学报》2015 年第 6 期。

[44]芦恒、蔡重阳：《"单位人"再组织化：城市社区重建的治理创新——以长春市 C 社区为例》，《新视野》2015 年第 6 期。

[45]蔡伏虹：《身份继替与劳工制度转型——基于子女接班顶替的制度文本解读》，《福建论坛(人文社会科学版)》2015 年第 9 期。

[46]田毅鹏、苗延义：《单位制形成过程中的"苏联元素"——以建国初期国企"一长制"为中心》，《吉林大学社会科学学报》2016 年第 3 期。

[47]田毅鹏：《单位制与"工业主义"》，《学海》2016 年第 4 期。

[48]黄家亮：《中国特色社会学的学科建构(1984—2014)——郑杭生社会学学科建设思想及实践研究》，《甘肃社会科学》2016 年第 5 期。

[49]吴海琳：《中国组织认同的单位制传统与当代变迁》，《湖南师范大学社会科学学报》2016 年第 6 期。

[50]田毅鹏：《单位制变迁与社会治理》，《山东社会科学》2016 年第 6 期。

[51]田毅鹏、李珮瑶：《国企家族化与单位组织的二元化变迁》，《社会科学》2016 年第 8 期。

[52]邵志豪：《新时期青少年德育本质意涵论析》，《社会科学战线》2016 年第 10 期。

[53]芦恒：《以内生优势化解外部风险——"社区抗逆力"与衰落单位社区重建》，《社会科学》2017 年第 6 期。

[54]《教育部关于印发＜中小学德育工作指南＞的通知》，《云南教育(视界时政版)》2017 年第 10 期。

[55]何威、文军：《城镇化进程中"新市民"群体的集体记忆建构与维系》，《南京农业大学学报(社会科学版)》2018 年第 4 期。

[56]王宁：《后单位制时代，"单位人"转变成了什么人》，《学术研究》2018 年第 11 期。

[57]赵鼎新：《时间、时间性与智慧：历史社会学的真谛》，《社会学评论》2019年第1期。

[58]赵鼎新：《什么是历史社会学?》，《中国政治学》2019年第2期。

[59]刘磊明：《"学制"概念考辨》，《教育学报》2019年第2期。

[60]孙海芳：《地方历史、社会记忆及身份建构——以"老西藏"群体为例》，《西藏大学学报(社会科学版)》2019年第3期。

[61]肖哲、魏姝：《单位制视角下中国城镇居民的环保公众参与行为差异分析》，《中南大学学报(社会科学版)》2019年第5期。

[62]陈鹏、肖赛玥：《"单位意识"形塑研究——以"单位文艺"的促进作用为视角》，《哈尔滨工业大学学报(社会科学版)》2019年第5期。

[63]《国务院关于印发国家职业教育改革实施方案的通知》，《中华人民共和国国务院公报》2019年第6期。

[64]何静：《心智与符号的具身性根基——从米德的符号互动理论看》，《西北师大学报(社会科学版)》2019年第6期。

[65]谢立中：《从地缘多元主义走向话语多元主义》，《社会学研究》2020年第1期。

[66]陈敬国：《人作为互动的存在：试析布鲁默符号互动主义的社会内涵》，《清华社会学评论》2020年第1期。

[67]钱力成：《记忆研究的未来：文化和历史社会学的联结》，《南京社会科学》2020年第3期。

[68]周晓虹：《口述历史与集体记忆的社会建构》，《天津社会科学》2020年第4期。

[69]王东美：《个人——集体：社会记忆的心理学视域》，《天津社会科学》2020年第5期。

[70]周晓虹：《口述史、集体记忆与新中国的工业化叙事——以洛阳工业基地和贵州"三线建设"企业为例》，《学习与探索》2020年第7期。

[71]谢景慧、吴晓萍：《从集体身份到集体记忆："三线人"的时空流变研究》，《学习与探索》2020年第7期。

[72][美]多米尼克·拉卡普拉、李娟、陈新：《未尽的话题：论创伤、历史、记忆和身份的关系》，《社会科学战线》2020年第8期。

[73]李珮瑶：《后发现代化进程中的"组织化"与"再组织化"——以单位共同体变迁为中心》，《山东社会科学》2020年第8期。

[74]孙云霏：《符号与象征的限度——对鲍德里亚＜符号政治经济学批判＞的批判性考察》，《中国图书评论》2020年第12期。

[75]李春玲：《代际社会学：理解中国新生代价值观念和行为模式的独特视角》，《中国青年研究》2020年第11期。

[76]周明：《领导力，校长管理学校的灵魂》，《教育家》2020年第24期。

[77]王春林：《青年志愿者互动现象解析：以"二人互动论"为分析框架》，《中国志愿服务研究》2021年第1期。

[78]田毅鹏：《发展社会学研究的主题转换及再出发》，《社会学评论》2021年第1期。

[79]龚鹏飞：《新中国中小学学制改革：历程、特点与愿景》，《教育史研究》2021年第2期。

[80]田毅鹏：《"单位研究"70年》，《社会科学战线》2021年第2期。

[81]王屹、梁晨、陈业森、李晓娟：《场域变化视角下的"双高院校"内涵建设》，《现代教育管理》2021年第3期。

[82]朱丽：《突破再生产：布尔迪厄理论的另一面》，《清华大学教育研究》2021年第3期。

[83]项贤明：《"智育"概念的理论解析与实践反思》，《课程·教材·教法》2021年第5期。

[84]周海燕：《个体经验如何进入"大写的历史"：口述史研究的效度及其分析框架》，《中央民族大学学报(哲学社会科学版)》2021年第6期。

[85]王晓阳：《教育社会学知识论发展——从斯宾塞到扬》，《教育研究》2021年第6期。

[86]张三元：《以新发展理念推动和引领人的现代化》，《思想理论教育》2021年第8期。

[87]杨力超、白鹤菲：《社会转型期单位认同式微与单位共同体的变迁——以山西省大同市TM集团为例》，《社会治理》2021年第8期。

[88]洪晨、常亚慧：《学校类别与性别角色交融的校长管理风格》，《教育理论与实践》2021年第22期。

[89]刘庆昌：《"五育并举"才能促成完整的学校教育》，《教育发展研究》2021年第22期。

二、中外书籍

[1][苏]列宁：《列宁全集》第二卷，中共中央编译局编译，北京：人民出版社，1984年版。

[2][美]玛格丽特·米德著：《代沟》，曾胡译，北京：光明日报出版社，1988年版。

[3]陶行知著：《陶行知全集第八卷(增补)》，长沙：湖南人民出版社，1992年版。

[4][美]乔治·H·米德著：《心灵、自我与社会》，赵月瑟译，上海：上海译文出版社，1992年版。

[5][法]E.迪尔凯姆著：《社会学方法的准则》，狄玉明译，北京：商务印书馆，1995年版。

[6][美]华尔德著：《共产党社会的新传统主义——中国工业中的工作环境和权力结构》，龚小夏译，香港：牛津大学出版社，1996年版。

[7][英]安东尼·吉登斯著：《社会的构成》，李康、李猛译，北京：三联书店，1998年版。

[8]张翼著：《国有企业的家族化》，北京：社会科学文献出版社，2000年版。

[9][美]保罗·康纳顿著：《社会如何记忆》，纳日碧力戈译，上海：上海人民出版社，2000年版。

[10][英]安东尼·吉登斯著：《现代性的后果》，田禾译，南京：译林出版社，2000年版。

[11]郑杭生、李迎生著：《中国社会学史新编》，北京：高等教育出版社，2000年版。

[12][法]莫里斯·哈布瓦赫著：《论集体记忆》，毕然、郭金华译，上海：上海人民出版社，2002年版。

[13][德]盖奥尔格·西美尔著：《社会学》，林荣远译，北京：华夏出版社，2002年版。

[14][德]马克思、[德]恩格斯：《马克思恩格斯全集》第21卷，中共中央编译局编译，北京：人民出版社，2003年版。

[15][美]杜威著：《道德教育原理》，王承绪等译，杭州：浙江教育出版社，2003年版。

[16][法]米歇尔·福柯著：《知识考古学》，谢强、马月译，北京：生活·读书·新知三联书店，2003年版。

[17][美]约翰·杜威著：《学校与社会·明日之学校》，赵祥麟、任钟印、吴志宏译，北京：人民教育出版社，2004年版。

[18][德]哈拉尔德·韦尔策编：《社会记忆：历史、回忆、传承》，季斌、王立君、白锡堃译，北京：北京大学出版社，2007年版。

[19][美]大卫·费特曼著：《民族志：步步深入》，龚建华译，重庆：重庆大学出版社，2007年版。

[20][美]欧文·戈夫曼著：《污名——受损身份管理札记》，朱立宏译，北京：商务印书馆，2009年版。

[21][英]约翰·哈萨德编：《时间社会学》，朱红文、李捷译，北京：北京师范大学出版社，2009年版。

[22][英]齐格蒙特·鲍曼、[英]蒂姆·梅著：《社会学之思》，李康译，北京：社会科学文献出版社，2010年版。

[23][美]卞历南著：《制度变迁的逻辑——中国现代国营企业制度之形成》，卞历南译，杭州：浙江大学出版社，2011年版。

[24][法]亨利·伯格森著：《材料与记忆》，肖聿译，南京：译林出版社，2011年版。

[25][法]皮埃尔·布迪厄著：《实践感》，蒋梓骅译，南京：译林出版社，2012年版。

[26][英]保罗·威利斯著：《学做工：工人阶级子弟为何继承父业》，秘舒、凌旻华译，南京：译林出版社，2013年版。

[27][德]马丁·海德格尔著：《存在与时间（修订本）》，陈嘉映、王庆节译，北京：生活·读书·新知三联书店，2014年版。

[28]王星著：《能形成的社会建构——中国工厂师徒制变迁历程的社会学分析》，北京：社会科学文献出版社，2014年版。

[29]费孝通著：《乡土中国》，北京：人民出版社，2015年版。

[30]田毅鹏等著：《重回单位研究：中外单位研究回视与展望》，北京：社会科学文献出版社，2015年版。

[31][法]布尔迪厄、[美]华康德著：《反思社会学导引》，李猛、李康译，北京：商务印书馆，2015年版。

[32][德]扬·阿斯曼著：《文化记忆：早期高级文化中的文字回忆和政治身份》，金寿福、黄晓晨译，北京：北京大学出版社，2015年版。

[33][法]皮埃尔·诺拉主编：《记忆之场：法国国民意识的文化社会史》，黄艳红等译，南京：南京大学出版社，2015年版。

[34]赵静蓉著：《文化记忆与身份认同》，北京：生活·读书·新知三联书店，2015年版。

[35][美]C.赖特·米尔斯著：《社会学的想象力》，李康译，北京：北京师范大学出版社，2017年版。

[36][法]皮埃尔·布尔迪厄著：《实践理论大纲》，高振华、李思宇译，北京：中国人民大学出版社，2017年版。

[37][英]保罗·科布利著：《叙述》，方小莉译，成都：四川大学出版社，2017年版。

[38]郑作彧著：《社会的时间：形成、变迁与问题》，北京：社会科学文献出版社，2018年版。

[39][德]斐迪南·滕尼斯著：《共同体与社会——纯粹社会学的基本概念》，张巍卓译，北京：商务印书馆，2019年版。

[40]周晓虹、谢曙光主编：《中国研究（第25期）》，北京：社会科学文献出版社，2020年版。

三、电子文献和报纸

[1]皇甫立同：《加紧寻求美育良方》，人民网：http://edu.people.com.cn/n1/2019/0310/c1006-30967529.html。

[2]《我国的学校教育制度分为哪几个阶段?》，中国人大网：http://www.npc.gov.cn/zgrdw/npc/flsyywd/flwd/2000-12/17/content_13561.htm。

[3]2018年新修订的《中华人民共和国义务教育法》，中国政府网：http://www.gov.cn/guoqing/2021-10/29/content_5647617.htm。

[4]《应该重视和办好中等教育》，《人民日报》1951年4月5日第1版。

[5]田毅鹏：《中国社会后单位时代来临?》，《社会科学报》2010年8月26日第3版。

四、史料文献

[1]中共中央书记处研究室理论组，中华全国总工会办公厅：《当前我国工人阶级状况调查资料汇编(3)》，北京：中共中央党校出版社，1983年版。

[2]中央教育科学研究所编：《中华人民共和国教育大事记(1949—1982)》，北京：教育科

学出版社，1983年版。

[3]《中国教育年鉴》编辑部编：《中国教育年鉴(1949—1981)》北京：中国大百科全书出版

社，1984年版。

五、其它资料

[1]Q集团公司史志编撰室、子弟教育处：《子弟教育简史》。

[2]Q厂史志编纂室：《Q厂厂志第一卷(1950—1986)(上/下)》。

[3]Q厂史志编纂室：《Q厂年鉴(1987)》。

[4]Q集团公司史志编纂室：《Q集团公司年鉴(1995)》。

[5]Q集团公司史志编纂室：《Q集团公司年鉴(2000)》。

[6]Q集团公司史志编纂室：《Q集团公司年鉴(2002)》。

[7]Q集团公司：《Q厂职业教育五十年》。

[8]Q集团公司档案馆：《Q集团公司年鉴(2007)》。

后 记

历经三年的选题、写作和修改，《国企职工子弟教育的阶段历程探研》一书终于完成了。此时此刻我想说，《国企职工子弟教育的阶段历程探研》只是我人生中第一本有关国企职工子弟教育的成果，不敢说是奉献给读者的学术著作。

在这三年忙乱中，我不仅体会到了读博的不易，更感受到了为文之不易。2018 年，当来到吉林大学准备开启博士研究生生涯时，我没想过做"单位制"方面的选题。因为，我之前对"单位制"一无所知。后来，导师陈鹏教授鼓励我依托东北，做有地域特色的研究，使我逐渐接触到了 Q 厂这个"典型单位制"企业，寻找到了很多 Q 厂职工子弟，并开展了大量访谈，使我较为顺利地完成了本书。

需要提到的是，本书虽已完成，但仍存在一定的缺憾。一是因为相关研究资料十分有限，并且很多史料之间存在断层。而对于这样的断层，笔者也不敢贸然进行填补和衔接。二是因为笔者的研究能力十分有限。虽然，我在硕士研究生阶段尝试研究过企业社会工作，有了一点基础，但是，像"单位制""国企职工子弟教育""发展社会学"这样的热点话题，笔者把握的还是不够准确和深入。因此，也未能提出有价值的学术观点。但是，正因为有了这样的学术训练，使我逐渐明白了如何找到学术问题以及如何深入反思历史社会和当前现实社会之间的关联。

总的来说，我能有以上的成长，与导师、亲人和朋友的支持、关心和帮助密不可分。首先，在本书写作以及我读博的过程中，导师陈鹏教授给予我很多具体的指导，使我能够不断地戒骄戒躁，并沉下心来做学问。因此，没有导师的教诲，我是无法跨越一道道阶梯，成长起来的。

其次，在读博的几年光阴里，我的父母不仅给予了我无私的爱，而且他们还用受过的苦一再告诫我终身学习的重要性。当然，他们也期盼着我能早早地毕业、早早地工作、早早地成家，而我也在努力达成父母的心愿。此外，我的未婚妻王晶，总在我感到无助和失意的时候，给我带来莫大的鼓励和支持。可以说，在读博之际遇此"贤妻"，我的人生也有了一段幸福的回忆。

最后，在本书写作的过程中，我也得到了吉林大学出版社黄国彬等老师的帮助，没有您们的辛苦付出，本书也无法顺利出版。另外，重庆工商大学教师王文涛和吉林大学博士彭飞，多次提出非常中肯的意见，使本书增色不少。而内蒙古师范大学的硕士研究生陈强，还协助我进行了全书的校对工作，使全书避免了一些错误。在此一并致谢！

王春林

2021 年 11 月 7 日于吉林大学前卫南校区